# 認知症とともに

安心して暮らせる社会へ

新潟日報報道部／編

# はじめに

これまでに例のないペースで高齢化が進んでいます。認知症はいまや身近な疾患といっていいでしょう。

厚生労働省が介護保険データを基にまとめた推計では、２０１２年時点で全国の65歳以上の１割程度を占めています。これとは別に厚労省の研究班は、65歳以上の４人に１人が認知症またはその予備軍に当たるという推計を発表しています。

特別な疾患ではないだけに、徘徊《はいかい》などの認知症の症状や介護の大変さをイメージして、「自分が、家族が、なったらどうしよう」と不安を感じている人は少なくないかもしれません。

ただ、高齢化は加速していきます。全国平均より高齢化率が高く、高齢者人口も多い新潟県に住む私たちに必要なのは、いたずらに心配することではなく、まず認知症を正しく知ることではないでしょうか。これからの社会をよりよく生きるためにも。

新潟日報生活面で13年9月から認知症をテーマにした長期連載を始めた背景には、デスクや記者のそうした問題意識がありました。本書は連載シリーズの14年7月掲載分までをまとめたものです。

認知症の基礎知識、介護、高齢者を支える地域の取り組み、若年性認知症などテーマはさまざまですが、共通するのは認知症をめぐる現実をきちんと伝え、将来を考えたいという思いです。

例えば、認知症介護で孤立感を深めがちな家族にとって、同じ境遇の人でつくる「認知症の人と家族の会」県支部が大きな支えとなっていることが取り上げられています。人と人とがつながり、互いに支え合う。それがますます求められる社会になっていくことを示しているように感じられます。

連載には多くの反響をいただきました。大勢の方々から認知症介護の貴重な体験をうかがえたからこそだと思います。ご協力に心より感謝申し上げます。

新潟日報社は少子高齢化の進展を見据え、13年4月、報道部に社会保障班を設けました。本社を軸に、長岡、上越両支社の記者が連携して取材に当たっています。今シリーズは、社会保障班の担当記者が中心になった初めての長期連載でもあります。

本書が認知症の知識を深める一助になるとともに、高齢者にとって優しい地域とは何かを考えるきっかけになれば、これほどうれしいことはありません。

新潟日報社編集局報道部長　小林　啓之

認知症とともに＊目次

# 1

# 知ろう認知症

記憶力や判断力が次第に低下し、徘徊などの症状が出てくる認知症。予備軍を含めると、65歳以上の高齢者の４人に１人が該当するともいわれる。高齢化率が28％と全国平均より高い本県では、認知症は今や非常に身近な病気の一つとなっている。ただ、理解不足などもあり、なかなか早期発見につながっていないのも事実だ。毎年９月21日は「世界アルツハイマーデー」。アルツハイマーをはじめとする認知症について理解を深め、共に暮らす社会について考えたい。

# 最初の気付き大事
# 異変見過ごさず受診を

「最近、俳優の名前を思い出せない」「昨日のお昼は何を食べたっけ」──。こんなことが続き、ふと自分が認知症ではないかと、不安になる人は多いかもしれない。

「年を取れば、もの忘れは増えます」。認知症の医療・福祉ケアに詳しい「ささえ愛よろずクリニック」（新潟市秋葉区）の今村達弥院長（49）は説明する。例えるなら、記憶はホワイトボードの文字だという。「ホワイトボードに書き留めた字が薄れて読み取れないのが健康な人のもの忘れだとすれば、認知症の人は必要なホワイトボードがどこかにいってしまうのです」

脳の細胞が死んだり働きが悪くなったりして、記憶や判断力が低下し、生活する上で支障が出ている状態が認知症だ。早期発見が大切だといわれている。

「当時はまさか認知症とは思わず、受診するまで5年近くかかりました」。夫（66）が認知

地域の人に認知症への理解を深めてもらう講座。参加者は初期症状について熱心に聞き入っていた＝新潟市中央区の二葉コミュニティハウス

症の小嶋美根子さん（64）＝新潟市中央区＝は振り返る。

兆候があったのは10年ほど前。ネクタイなどを準備して県外の親類の葬儀に出掛けたにもかかわらず、現地で再度洋服を調達したり、好きな漢詩の書き写しをしなくなったりした。いよいよおかしいと受診を決意したきっかけは、知っているはずの孫の幼稚園への道を「分からない」と言って、1人では行けなかったことだった。小嶋さんは「私も周りの人も知識があれば、早く気付くことができたはず」と話す。

症状が進み、徘徊など生活する上で大きな支障が出る前にさまざまなサインは出ている。「それを見逃さないことが大事」と今村院長は言う。

実際、日常生活では「あの人、ちょっと融通が利かないね」「お年寄りだから」などと、見過ごされる言動も多い。ごみ出しの日を間違えたり、金融機関では現金自動預払機（A

ＴＭ）を使わずに窓口でお金を下ろしたり…。「お金を引き出すなど、今まで通りできることはある。なので認知症の知識を持って注意深く見ていないと、変化に気付きにくいんです」と、新潟市社会福祉協議会中央区中央介護支援センターの稲垣夏江さん（57）。ありふれたことのように見えて、ごみ出しの正しい日や機械の操作を忘れてしまっている可能性があるという。

今村院長も「早めに受診するなど、最初の対応を適切にすればその後のケアが楽になる。それほど最初の気付きが大事になるんです」と強調する。

こんなことありませんか

**認知症のサイン**

- □ 同じことを何度も言う
- □ 探し物が多くなる
- □ 服装が季節に合っていない
- □ 病院の予約時間や店の開店時間を間違える
- □ テレビのリモコンなど家電製品の操作ができなくなる
- □ 同じ料理を作ることが多くなる
- □ 冷蔵庫に同じ食材がたくさん入っている
- □ 趣味など好きなことへの興味を失う

**認知症の高齢者数**》 厚生労働省が介護保険の要介護認定データなどを基に推計している。現在は65歳以上の人口の9・9％で算出しており、本県の人数は約6万2千人（２０１２年４月１日現在）。一方で、同省の研究班が全国８市町の高齢者計５３８６人のデータを分析し、12年時点で認知症の有病率は推計で15％と発表。健康な人と認知症の中間と見られる〝予備軍〟も13％に上るとした。

# 本人、家族にプラス　まずはかかりつけ医に

診察室で、医師が穏やかな口調でゆっくりと質問し、患者の反応を見る。「今年は何年？」「今の季節は」「ここはどこですか」――。続いて簡単な計算や、時計や歯ブラシなどの日用品を示して名称を答えてもらうなどした。

これは認知症が疑われる際、最初に行う簡単な検査の一つ。回答を点数化し、一定の数価に満たなければ認知症を疑う。

新潟市中央区の新潟大学医歯学総合病院神経内科で認知症患者を診察する池内健医師（49）は「表情や受け答えの様子から、認知症が疑われるかを見極めます」と説明する。

このように診断は基本的に聞き取りだ。いつからどんな症状が現れたのか、家族からの情報も大切な診断材料になる。その上でCT（コンピューター断層撮影装置）、MRI（磁

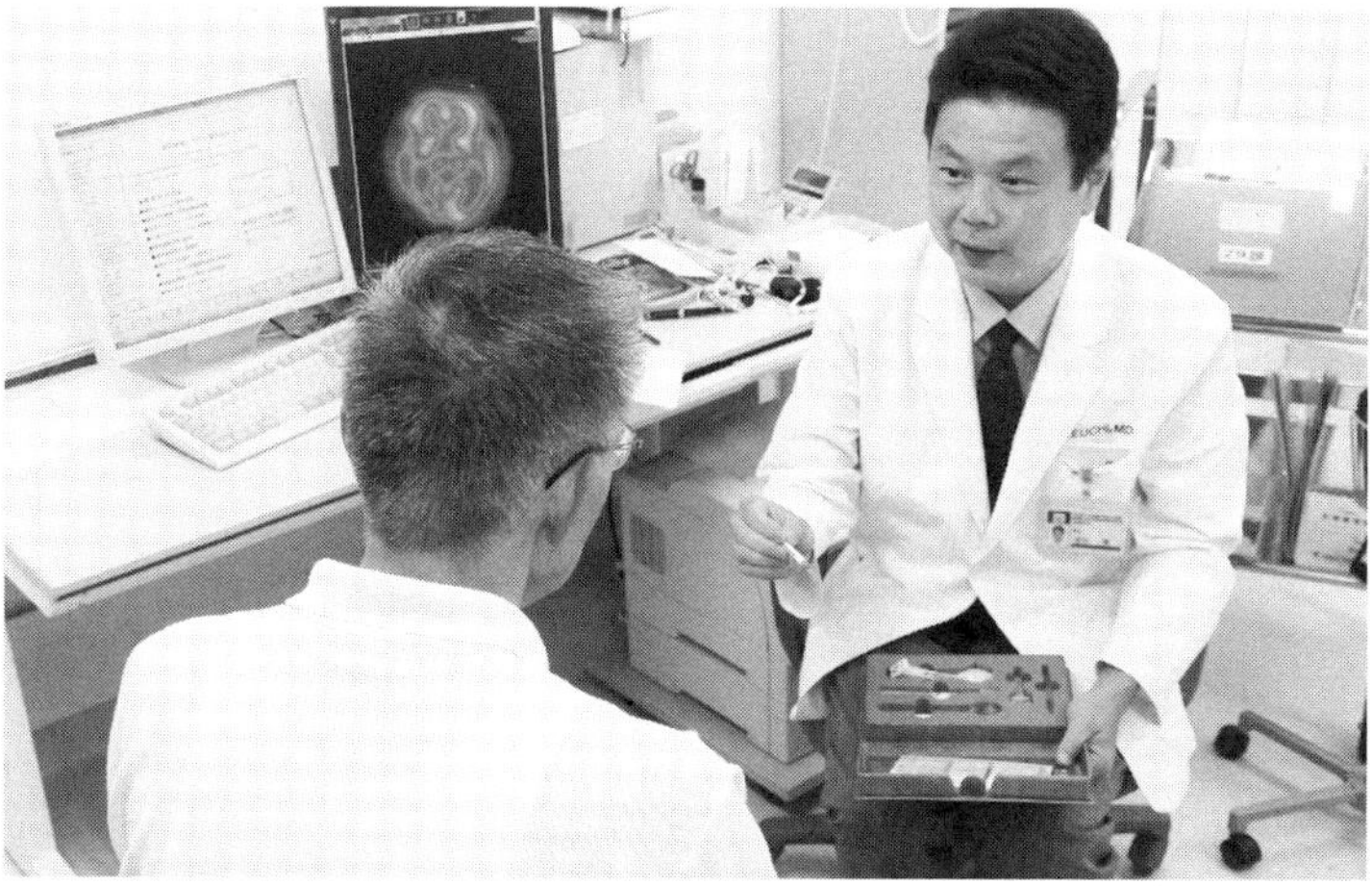

患者と向き合い、認知症かどうか調べるテストをする池内健医師。診断は問診から始まる＝新潟市中央区の新潟大学医歯学総合病院

気共鳴画像装置）などで脳の状態を詳しく調べる。

認知症かどうか診察してもらいたい場合、どこへ行けばよいのだろう。「知らない場所で人が大勢いる専門外来は、認知症のお年寄りは嫌がります。まずはかかりつけ医に相談することをお勧めします」と池内医師はアドバイスする。

しかし、いざ当事者となると、戸惑う人も多い。認知症の母（86）を介護する新潟市秋葉区の女性（62）は「知識がなく、どこを訪ねたらいいか分からず迷った」と打ち明ける。

そのため、県や新潟市は県内6病院を「認知症疾患医療センター」に指定＝表参照＝。相談に応じている。診察は各地にある病院の神経内科、精神科などでも対応している。かかりつけ医から専門医や医療機関を紹介してもらうことも可能だ。県内には認知症患者専門の「物忘れ外来」を設けている病院もある。ただ、紹介状が必要だったり、予約が数カ月待ちとなったりする場合があり、事前の確認が必要だ。

日常生活で疑われる症状があっても、不安などから認知症の診断を受ける踏ん切りがつかない場合もある。池内医師は「病気を理解し、療養環境を整えることは家族や患者本人にとってプラスになる。家族の接し方が変わると、本人も落ち着いて生活できるようになるんです」と強調する。

前述の女性は調べた末、母親が以前かかったことのある脳外科を訪れ、認知症と診断された。それをきっかけにデイサービスの利用を始め、母親も生き生きとした表情を見せるようになったという。「認知症患者をケアする家族同士の交流も生まれた。診断で心の整理がつき、次のステップに動けるようになりました」と話している。

**県内の認知症疾患医療センター**

| 所在地 | 病院名 |
|---|---|
| 胎内市 | 黒川病院 |
| 新潟市南区 | 白根緑ケ丘病院 |
| 長岡市 | 三島病院 |
| 柏崎市 | 柏崎厚生病院 |
| 南魚沼市 | 市立ゆきぐに大和病院 |
| 上越市 | 高田西城病院 |

2013年9月現在

※この他、日本認知症学会（http://dementia.umin.jp/）、日本老年精神医学会（http://www.rounen.org/）も、それぞれホームページで認知症専門医と病院名を紹介

## 訓練で脳を活性化
## 進行を遅らせる新薬も

認知症患者の多くは長期にわたる治療が必要になる。長年、地域の患者を診察してきた川瀬神経内科クリニック（三条市）の川瀬康裕院長（65）は「治療の3本柱」として薬物療法、非薬物療法、家族への支援を挙げる。

特に力を入れるのは、音楽や運動、手芸などさまざまな活動で脳を活性化させる非薬物療法だ。「脳は使えば残る、使わなければ失うのです」と川瀬院長。クリニックに「通所リハビリテーション樫《かし》の森」を併設し、1日に約40人の認知症高齢者が通う。

さまざまなプログラムがあり、カラオケで「北国の春」を合唱して盛り上がったり、市内の動物病院などの協力で犬や猫に触れ合ったりする。施設に行く日をカレンダーに書き込み、指折り数えているという80代の女性は「大勢でおしゃべりするだけで元気になれる」

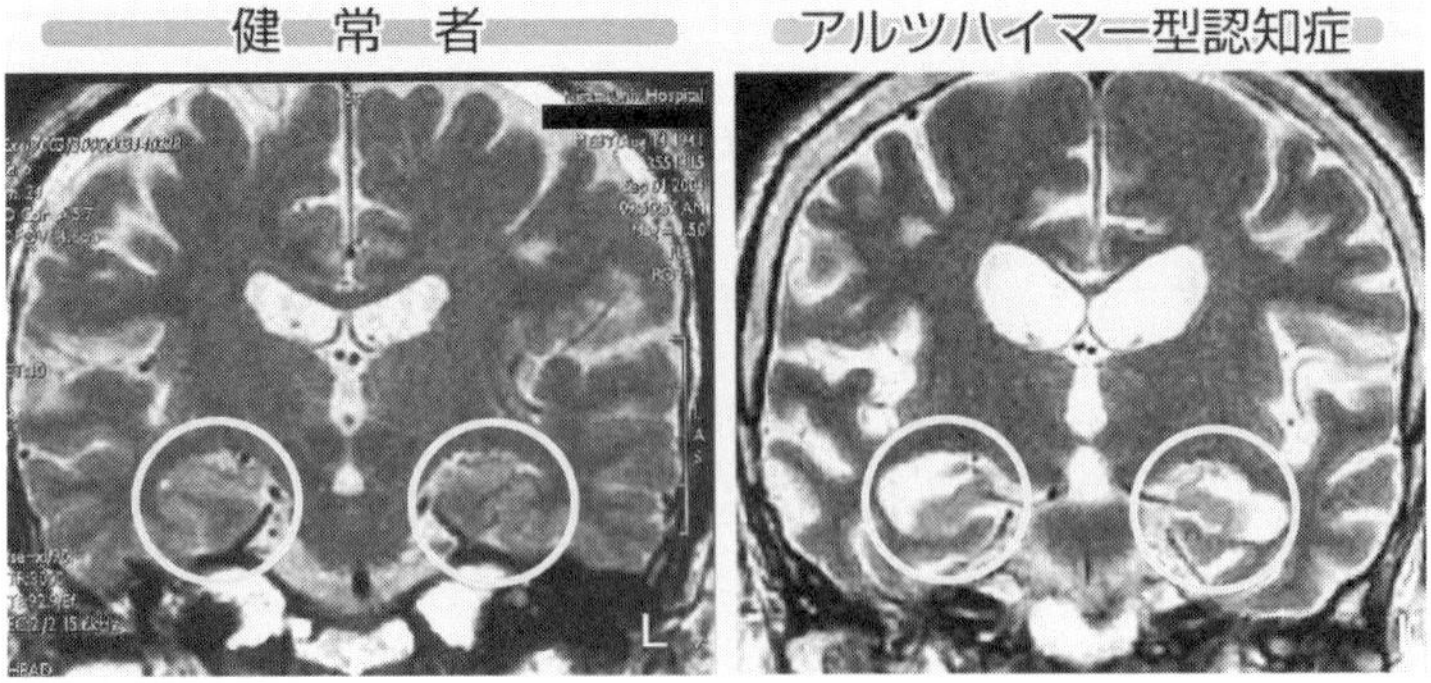


頭部MRIの違い。アルツハイマー型認知症患者は、丸く囲んだ海馬周辺が萎縮し、脳脊髄液がたまって白く見える（新潟大学脳研究所提供）

と教えてくれた。

川瀬院長によると、こうした脳活性化訓練の効果はデータでも証明されているという。薬を処方した上で施設で脳活性化訓練をした患者は、薬を処方しただけの患者と比べ、症状が悪化するスピードが平均で2倍程度遅かった。「世界の専門家の間でも、脳活性化訓練が薬物療法と同じくらい有効だと認められている」と話す。

一般的に治療方針を立てる上で、欠かせないのが認知症の種類を特定することだ。一言で「認知症」といってもいくつか種類があり、原因や症状は異なる＝表参照＝。

患者の約5～7割を占めるのがアルツハイマー型認知症。脳のＭＲＩ（磁気共鳴画像装置）では、記憶や学習機能をつかさどる「海馬」周辺の萎縮が明らかだ＝写真（右）＝。患者は物忘れを認めず、問題がないように取り繕うことが多いのも特徴の一つ。少しずつ進行するため、家族の負担を減らすケアが必要だ。この他、脳梗塞などの後に発症する脳血管性認知症、脳に異常なタンパク質がたまるレビー小体型認知症もある。

薬の処方もできる。アルツハイマー型認知症は長らく「アリセプト」という薬だけだったが、２０１１年に新たに３種類が追加された。「選択肢が増え、治療の幅が広がりました。薬はアルツハイマーの進行を少しでも遅らせる効果があります」と県薬剤師会の諏訪美智子事務局次長（59）は説明する。

患者本人の治療とともに、家族には病気を理解し、患者に寄り添うように助言するという川瀬院長。「物忘れのことばかり目を向けると患者も家族もつらいだけ。この先、症状を悪化させないために、いま何かできるかを考えることが重要になります」と語る。

## 主な認知症の種類と症状

| 病気の種類 | アルツハイマー型認知症 | 脳血管性認知症 | レビー小体型認知症 |
|---|---|---|---|
| 患者に占める割合 | 約５～７割 | 約１割 | 約１割 |
| 主な症状 | ・忘れたことを認めず、取り繕う<br>・病気を深刻に思わない<br>・もの盗《と》られ妄想 | ・歩行、言語障害<br>・意欲の低下<br>・感情が抑えられない | ・手足のふるえ<br>・幻視（存在しないものが見える）<br>・睡眠障害 |
| 経過 | ・ゆっくり進行<br>・進行に伴い、身体機能が低下 | ・突然症状が現れ、階段状に進行<br>・脳梗塞や脳出血を再発しなければ状態は安定 | ・日や時間によって差が激しい |

# 往診に力　生活支援
# サポート医助言、研修も

「あー先生かね」。往診中の五十嵐医院（新潟市西蒲区）の五十嵐昭夫院長（63）が部屋に入ると、テレビを見ていた男性（82）は笑顔を浮かべた。「今日はいい顔をしているねえ」。五十嵐院長は世間話をしながら、聴診器を当てるなど手際よく診察していく。

この男性は医院から車で約15分の三条市に住んでいる。2007年に多発性脳梗塞と診断された後、少しずつ認知症の症状が現れ始めた。トイレや、趣味の果物作りに失敗するようになったりした。男性の妻（78）は「ちょっとした症状の変化でも先生が来て診てくれる。本当に助かります」としみじみと語った。

認知症の高齢者が地域で暮らしていくには「かかりつけ医」の存在が欠かせない。

五十嵐院長は「診断名を付けることだけが医師の仕事ではない。患者の生活全般を支えていくことが大事なんですよ」と強調する。往診に力を入れているのもそのためだ。この日は今後、認知症のどんな症状が出てくるか妻にアドバイスしていた。

かかりつけ医はお年寄りの体の状態を最もよく把握している。認知症の症状が出ても引き続き診察できるよう、国は05年に「認知症サポート医」制度を設けた。認知症に詳しい精神科や神経内科の医師がサポート医となり、かかりつけ医の相談に乗る仕組みだ。県内には12年度末現在、24人のサポート医がいる。県のホームページなどで見ることができる。

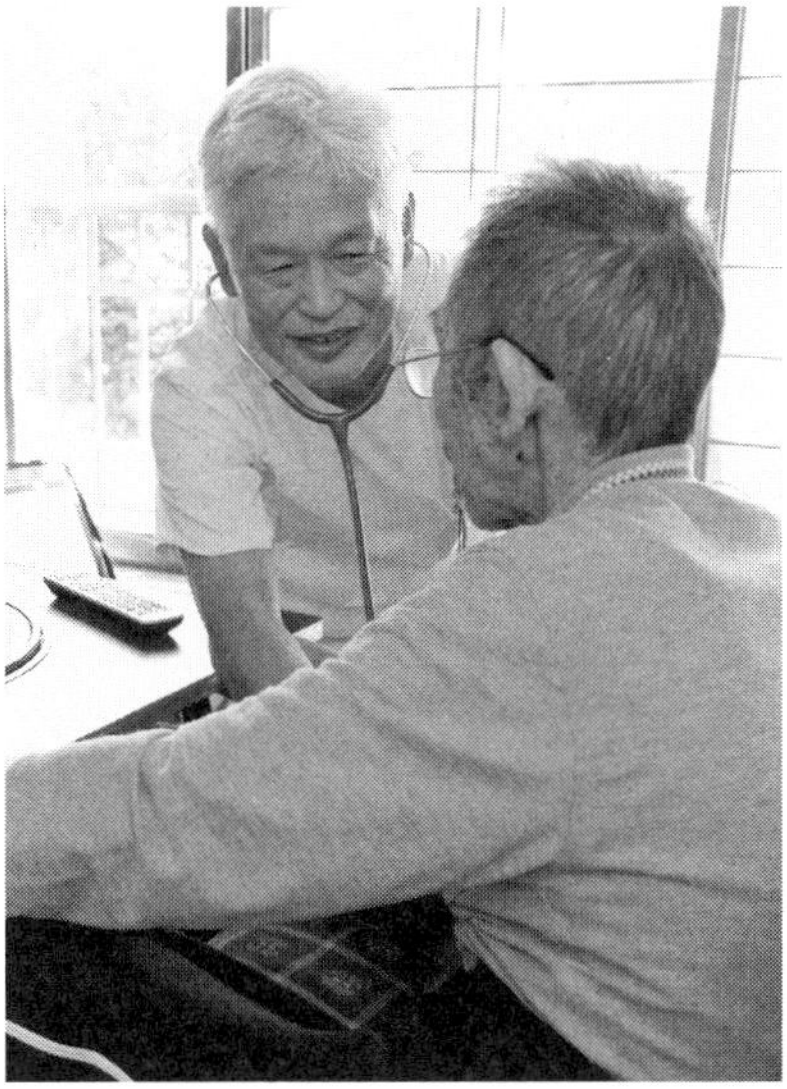
笑顔で往診をする五十嵐昭夫院長。地域で暮らす認知症のお年寄りを支える「かかりつけ医」の役割は大きい＝三条市

「診断や薬の処方などについてアドバイスするほか、認知症かどうか判断に迷う医師に対しては専門機関への橋渡しも行います」。サポート医で「白根緑ケ丘病院」（新潟市南区）の佐野英孝院長（50）は説明する。

一方、かかりつけ医は認知症に詳しい人ばかりではない。知識を深め、早期発見につなげようと、サポート医はかかりつけ医に対し「認知症対応力向上研修」も行っている。12年度末までに県内で研修を受けた医師は延べ595人となった。内科だけではなく、消化器科や整形外科の医師も受講している。

地域の中で、認知症医療の中核を担うサポート医だが、県内の人数は少ないと指摘する医療関係者もいる。佐野院長は「過疎地域が多く、高齢化率も高い。これからの社会を考えると、全県的にもっと人数が必要になります」と力説する。

冒頭の男性の妻は「可能な限り、夫と一緒に自宅で暮らしたい」と話す。「今は医療の体制が整っているおかげで、安心して暮らせています」

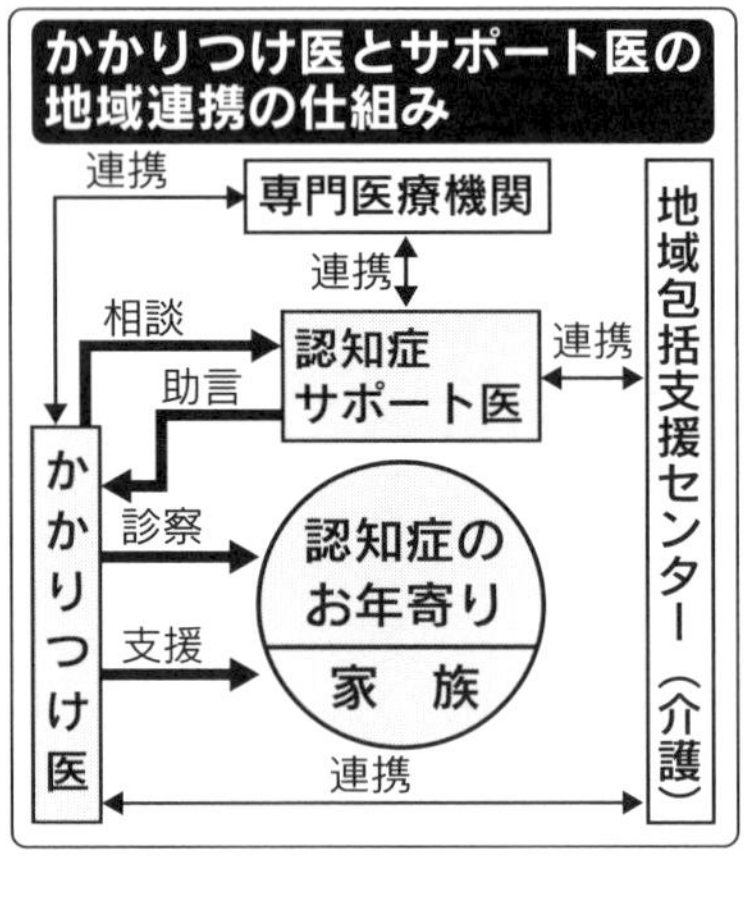

## 〝連絡帳〟が支えに
## 医療、介護、家族を結ぶ

高齢になるほど、複数の医療機関を受診することが多くなる。それは認知症のお年寄りも同様だ。

「連れ合いを医者に連れて行くのが苦痛でした」。２００９年に認知症と診断された妻（76）を介護する国井勇次さん（77）＝新発田市＝は明かす。

現在は心療内科や整形外科など複数の医療機関に通う。多くの場合は待ち時間が長く、問診時間は短い。医師に質問し、妻の近況を伝えたくても、忙しそうで遠慮してしまう。相談したい医師を頼れず、途方に暮れて介護に嫌気が差した。

そんな状態だった12年、「脳の健康ファイル」と出合った。医師、認知症のお年寄りと家族、介護関係者を結ぶ〝連絡帳〟のようなものだ。医療機関の窓口で診察券などと一緒

阿賀北認知症地域連携研究会が導入した「脳の健康ファイル」。認知症の人を地域で支える仕組みとして活用されている

に出すと、医師が目を通した上で診察する。「コミュニケーションが楽になり、介護にも余裕ができました」。国井さんは笑顔を見せる。

ファイルは医療機関や行政、介護関係者らでつくる「阿賀北認知症地域連携研究会」が12年4月から、新発田、阿賀野、胎内の各市と聖籠町で運用を始めた。代表世話人を務める県立新発田病院の牧野邦比古神経内科部長（55）は「認知症の人は今後も増える。住み慣れた地域で生活するには介護、医療が連携して患者や家族を支え、情報共有する仕組みが必要と考えた」と話す。

中身は、家族らが日ごろの様子を見て書き込む認知症の進行状況の評価表のほか、要介護度などの基本情報や専門医療機関とかかりつけ医がやり取りする「診療情報提供書」などで構成される。対象者の認知症に関わる情報が全て入っているともいえる。

介護する家族らに好評なのが、認知症の人が人生の中で誇れることなどを記す「私の生活・思いシート」だ。家族と一緒に「こんなことがあったね」などと昔の楽しかった思い出を振り返り、穏やかな気持ちになれるという。

こうした情報共有の仕組みをつくる動きは全国的に広がっている。一般的に「地域連携パス」と呼ばれ、県によると、県内では13年3月末までに阿賀北地域のほか、三条市や上越市など計8地区で導入が進む。ただ、多くは医療機関同士の情報共有が目的。阿賀北のファイルは家族や介護者の視点を取り入れた点で注目されている。

妻を介護する国井さんは「最近、連れ合いの認知症がどんどん良くなっている気がする」と言う。そして「本当はね、私が介護に慣れてきたんでしょう。心に余裕を生んでくれたファイルのおかげで」と言葉をつないだ。

**認知症支援を目的にした地域連携パスなどの県内状況**

| 名　称 | 導入地区 |
|---|---|
| ・脳の健康ファイル | 新発田市、阿賀野市、胎内市、聖籠町 |
| ・地域連携手帳 | 新潟市秋葉区と近隣地域 |
| ・生き活き脳と | 五泉市 |
| ・連携ノート | 阿賀町 |
| ・認知症予防のためのいきいき手帳 | 三条市 |
| ・長岡市医師会認知症地域連携パス | 長岡市 |
| ・タブレット端末利用の情報共有ツール | 長岡市川西エリア |
| ・あんしん手帳 | 南魚沼市、湯沢町、魚沼市、小千谷市、十日町市 |
| ・もの忘れ相談連絡せん<br>・にっこり手帳 | 上越市、妙高市、糸魚川市 |

2012年度末現在、県調べ

## 生活習慣病に注意 積極的な社会参加を

誰でも年を取る。認知症になるのを防ぐには、どうしたらよいのだろうか。「確立された予防法はないが、普段の心掛けで発症のリスクを抑えることはできますよ」と、総合リハビリテーションセンター・みどり病院（新潟市中央区）の成瀬聡院長（52）は強調する。「もの忘れ外来」で患者を診察している成瀬院長は、主なこととして、「生活習慣病のコントロール」「バランスの良い食事」「積極的な社会参加」を挙げる。

まず大事なのが、糖尿病や高血圧症など生活習慣病の予防。生活習慣病は認知症発症の一因となる異常なタンパク質を蓄積させたり、脳梗塞などを起こしたりするリスクが高まるためだ。

成瀬院長によると、糖尿病だと脳血管性認知症を患う危険性が一般の人に比べて約3倍、アルツハイマー型認知症も約2倍になる。

「もちろん食事や運動も大事です。例えば地中海料理がお勧めと言われています」と成瀬院長。魚や野菜、オリーブオイル、豆、穀物などをバランス良く含んでいるからで、適度な飲酒も認知症の発症リスクを減らすという。ウオーキングなどの有酸素運動をすれば血行が良くなり、脳の機能が高まる。

日本認知症予防学会学術集会の市民向け講座。認知症の発症リスクを抑える生活習慣などが紹介され、多くの来場者が熱心に聞き入った＝新潟市中央区の朱鷺メッセ

さらに、大切にしたいのは社会生活だ。趣味やボランティアなどを通じて多くの人と交流し、社会と関わる機会をもつことも脳への刺激となる。

日々の生活で、普段とちょっとだけ異なることに挑戦するのも効果がある。これまでとは違う料理を作ったり、旅行の計画を練ったり…。ストレスにならない程度の負荷をかけることが、脳を鍛えることにつながるといわれている。

手軽にできる方法もある。「1日前の日記を書くと脳の記憶、学習機能が高まり、出来事を覚えて思い出す訓練になります」。日本認知症ケア学会が認定する認知症ケア上級専門士で、みどり病院に勤務する橋本薫さん(52)は説明する。

「井戸端会議も大事です。でも一方的に話し続けないようにしましょう」と橋本さん。話の流れや周囲に注意を払い、会話を重ねると脳は活発に働くためだ。

近年は、認知症予防の重要性が広くいわれるようになり、関心を持つ人が増えている。2013年9月27~29日には新潟市で、11年に設立された日本認知症予防学会の学術集会が開催された。市民向け公開講座には中高年を中心に、多くの参加者があった。

みどり病院の成瀬院長は「知識を増やし、意識して予防に取り組んでほしい」とアドバイスする。

**認知症予防の10カ条**

1. 塩分と動物性脂肪を控えたバランスの良い食事を
2. 適度に運動を行い足腰を丈夫に
3. 深酒とたばこはやめて規則正しい生活を
4. 生活習慣病(高血圧、肥満など)の予防・早期発見・治療を
5. 転倒に気を付けよう　頭の打撲は認知症招く
6. 興味と好奇心をもつように
7. 考えをまとめて表現する習慣を
8. こまやかな気配りをした良い付き合いを
9. いつも若々しくおしゃれ心を忘れずに
10. くよくよしないで明るい気分で生活を

(認知症予防財団のホームページより作成)

## 周囲に味方つくる
## 家族は心に余裕持って

秋晴れが広がった9月下旬のある日。住宅脇に広がる田んぼのそばで、仲むつまじく自転車に乗る夫婦の姿があった。夫は時折、自転車を止めては道端の花を指さす。それを妻はうれしそうにじっと見つめる。

「いつもこうやってニコニコしているんです。だから言動と一致せずに、誤解されることも多い。ならば、周囲にきちんと公表したほうがいいと思いましてね」。新潟市西蒲区の松本弘さん（70）は語る。

松本さんの妻（64）は3年半前、認知症と診断された。最初は物忘れが増えた程度と思っていた。だが、花好きでたくさんの花を知っていたのに、とうとうチューリップという名前が出てこなくなり、認知症と気付いたという。その後、次第に言葉を話したり、理

妻と一緒に自転車を引く松本弘さん（左）。妻が認知症と近所に伝えたことで、理解してくれる人が増えたという＝新潟市西蒲区

解したりすることが難しくなっていった。迷惑を掛けても弁明できず、トラブルを招いたこともあった。

そうしたことから、町内の人には事情を明かすことにした。遠方の知人らには年賀状や手紙で、妻が認知症であることや現状を伝えている。「おかげで近所の人がさりげなく見守ってくれたり、知人が『元気そうだね』と返事をくれたりするようになりました」と松本さん。

家族は時に「第2の患者」とも表現される。徘徊や妄想などの症状が出た患者の介護に疲れ、共倒れしてしまうことがあるためだ。医師が治療方針を立てる際には家族のケアも重要になる。

「心の余裕がないと、いい介護はできません。家族にはそう伝えるようにしています」。かかりつけ医として地域で認知症患者を診ている「押木内科神経内科医院」（同市江南区）の永井博子副院長（65）は説明する。家族が頑張りすぎないようにアドバイスしたり、福祉サービスを紹介したりするのも医師の大切な仕事だ。

認知症になると、何も分からなくなると勘違いしている人は多い。「感情はしっかり残っており、プライドもあります。それを傷付けないように配慮してください」と、永井副院長はアドバイスする。松本さんも「一番苦しいのは本人なんです。それを理解してほしい」と訴える。

松本さんは2010年から、「認知症の人と家族の会」県支部の集いに参加している。つらさを抱えている人には積極的にアドバイスする。少しでも自分の経験が役に立てばという思いからだ。

妻が認知症だと周囲に明らかにしたことで、何より松本さん自身が変わった。「大勢の味方がいるような力強さがあります。できれば私の周りだけではなく、社会全体が認知症を理解し、支えてくれるようになることを願っています」。最後にそう語った。

# 2

# いつまでも笑顔で

## 認知症の人と家族の会県支部の歩み

認知症になった家族を介護する人たちを、同じ境遇の人たちが支える。「認知症の人と家族の会」県支部はそんな役割を果たしている。県支部は1996年、介護家族のグループが呼び掛け合って発足した。会員が互いに悩みを打ち明け、情報交換する場を設けながら次第に全県に活動を広げ、現在では400人近いメンバーがいる。本人と家族が少しでも笑顔で過ごせるように―。そう願いながら続けてきた活動の日々を紹介する。

## 悩み分かち合いたい
## 主婦らの自主活動が核に

穏やかな秋晴れとなった11月の週末。新潟市西蒲区の岩室温泉でくつろぐ県支部会員たちの姿があった。温泉に漬かり、日ごろの介護の苦労や愚痴を互いに冗談にくるんで笑い話にする。「たった半日でも、旅行に出ると体が軽くなるねえ」

年に1度、県支部が企画している日帰りの「リフレッシュ旅行」だ。認知症の夫らをショートステイに預けて参加する。この日を楽しみにしている会員は多い。「苦労を分かち合える仲間ができたから、介護を続けられるんです」。参加者の一人はしみじみと語った。

「介護で悩む人を支え合おう」と県支部が発足したのは1996年3月。全国36番目だった。当初の名称は「呆《ぼ》け老人をかかえる家族の会」。認知症という名称はまだ使われ

大勢の会員が集まった発会式。介護をしている家族だけではなく、医療・福祉関係者らも加わった＝1996年３月、上越市

ておらず、「呆けたら終わり」など社会の偏見が根強いころだった。

介護保険制度が始まる4年前で、家族介護が当たり前の時代。特に山あいや農村部では認知症の人が家族にいることを隠す傾向にもあった。徘徊に悩む家族がやむなく家中の鍵を掛け、実情を知らない親戚や近所の住民から「家の中に閉じ込めて、何てかわいそうなことをする」と眉をひそめられることもあった。

「誰にも愚痴を言えない。相談もできない。介護をする人たちはみな、深い孤独を抱えていました。精神的に追い詰められ、体を壊して倒れてしまう介護者は少なくありませんでした」。代表の金子裕美子さん（61）＝糸魚川市＝は当時を振り返る。

金子さんもそのころ、夫が単身赴任をしている中、認知症の義父の介護に必死だった。支部結成の核となったのは金子さんをはじめ、身内の介護をしていた上越地域の主婦だ。90年代前半に県の介護講座を受けた人たちが「同じ境遇の仲間を見つけた」とグループをつくり、自主的にほそぼそと活動していた。

他県では次々と会の支部ができていた。「県内でもきちんとしたネットワークができれば、介護のノウハウなどの情報を伝えられるだけでなく、困っている人に発信もできると思った」。当時、病院のソーシャルワーカーでもあった副代表の横山ミキさん（77）＝南魚沼市＝は話す。

上越地域のグループを母体に95年11月、県支部準備会を結成。最初に集まったメンバーはたった15人だったが、人づてに参加を呼び掛けるなどし、翌年の発会式には２００人を超える会員が参加した。

支部の結成当初から変わらない活動の柱は、悩みや愚痴を自由に語り合う集いだ。思い詰めた表情で参加した人が、集いの後はほっとした顔で帰って行く。「認知症の人にとって一番うれしいのは家族の笑顔なんです。だから、介護される人もする人もずっと笑顔でいられるようにするのが私たちの役目」。金子さんは言葉に力を込めた。

# 家族の選択肢増える
# 経験者の話は知恵の宝庫

身内を介護する主婦たちのグループが呼び掛け合い、「呆け老人をかかえる家族の会」県支部が設立されて4年後、2000年4月に介護保険制度が始まった。

家族だけが担う介護から、社会全体で支える「介護の社会化」を目指した制度で、県支部でも期待は高まった。一方で、寝たきりの人を想定した制度設計だったため、「要介護度が低く判定されるのでは」という懸念もあった。

いざ制度が始まると不安は的中した。介護の苦労などを語り合う県支部の集いでも、徘徊に悩む家族から「思っていたよりも低く認定された」と嘆く声が相次いだ。

こうした声に、義母の介護をしていた県支部副代表の田中美紀さん（49）＝上越市＝は「要介護度の判定では、普段の様子をメモにして調査員に渡した方がいいよ」などとアド

「認知症」という言葉が使われ始めたころのデイホームの様子＝2004年、糸魚川市
（認知症の人と家族の会県支部提供）

バイスした。「元気な認知症の人ほど介護は大変。いっそ寝たきりになってほしいと思うほどなのに」。自身の経験から、悩んでいる人たちの参考になればとの思いだった。

その後、04年には厚生労働省がそれまで使用していた「痴呆《ちほう》」という用語が高齢者の尊厳を傷つけるなどとして「認知症」に変更。県支部の名称も06年、現在の「認知症の人と家族の会」になった。

認知症という言葉とともに、介護保険制度の周知も進んだ。「認知症への理解も広まり、例えば『あの嫁は介護保険で楽している』という見方はずいぶん減ったように感じます」と田中さん。介護の風景は少しずつだが、変わっていった。

１９９６年から認知症の夫（77）を介護する新潟市北区の女性（73）は、夫をショートステイに預けてハワイに旅行ができた。制度が始まる前はサービスが少ない上、日時や施設が限られてい使えなかった。選択の幅が広がり、「リフレッシュできて、本当に助かります」とほほ笑む。

ただ、現在も県支部には介護保険制度をめぐる悩みが寄せられる。一例を挙げると、認知症の本人がサービスを使いたがらないというものだ。

新潟市西区の女性（72）は2000年から夫（76）の介護を続けている。08年に要介護1に認定され、ショートステイを申し込んだが、夫が嫌がった。「（夫が得意な囲碁の）先生として施設に行こう」などと小芝居を打っても駄目だった。田中さんは「認知症の介護は悩みが尽きない」と明かす。

だからこそ、県支部メンバーのそれぞれの介護経験は、〝知恵の宝庫〟としての重みを増す。県支部が独自に県内各地で開いている認知症の本人と介護する人の息抜きの場である「デイホーム」は、介護サービスが充実してもなお、ニーズは高い。

田中さんは、県支部の存在意義をこう語る。「悩む人がいればみんなで解決策を探す。結論が出なくても、話せば気持ちが少し晴れるかもしれない。気兼ねなく話せる場は、常に必要なんだと思います」

## 本音言える場が大切
## 「介護の日々」支える力に

「認知症の人と家族の会」県支部が活動の柱とするのは、家族が集まり、介護の悩みを相談したり情報交換したりする場だ。「集い」と呼んでいる。県内10地区で、それぞれ月に1回程度開かれている。会員であるなしにかかわらず、誰でも参加できる。

その一つ、頸北地区（上越市柿崎区）の集いは、同区の小関こずえさん（54）が中心となって運営する。小関さんは義母の介護中、片道40分かけて上越市の市街地で開かれる集いに通った。義母がデイサービスから戻る時間に間に合うよう、いつも中座しなくてはならなかった。

「誰かに話を聞いてもらいたい人はたくさんいる。近くにも場所があれば…」と思っていた。義母をみとった後、2009年に地元での集いを始めたのは、そのためだ。

佐渡市にある事務所で、介護の悩みを語り合う家族ら。中央が川原佳代子さん＝同市真野新町

「話を聞いてもらうと、気持ちが楽になる」と小関さん。運営には、地域包括支援センターが協力。毎回センターの職員が参加し、専門的な立場で介護保険制度の使い方などをアドバイスする。

妻有地区の集いは十日町市で奇数月に開催。旧川西町の温泉施設を会場にしているが、松之山や松代地区など市内全域から毎回4、5人の参加者がある。運営の中心となっている平野登美枝さん（66）＝同市＝は「参加者が少ないからやめようと思うと、新しい人が来る。場所があることが大事なんです」と実感している。

佐渡地区には、10地区の中で唯一常設の事務所がある。集いは06年から、世話人の川原佳代子さん（45）＝佐渡市＝ら数人で、公共施設の会議室などを使って開いてきた。しかし、参加者から落ち着いて話ができる場所が欲しいとの声があり、08年に真野商工協同組合の一角を借りた。

80代後半の義母を介護している同市の男性（65）は妻と2人で訪れる。「毎日介護を続けていると穏やかな気持ちで接することができない。イライラしていることを聞いてもらい、だんだんと自分たちだけじゃないと分かる」。本音を明かせる場が、介護の日々の背中を押してくれる。

川原さんも20代後半から子育てをしながら、認知症の義父母を16年にわたり介護した。「時間と人目を気にしなくてもよくないと、安心して悩みを打ち明けられない」というのは、経験を踏まえた実感だ。事務所での話は、外では絶対に口外しないのが決まり。時には夜中まで話し込むこともある。

ただ、佐渡の事務所にしても、常に人がいるわけではない。川原さんはいずれ、本人や家族、住民らが自由に集える「認知症カフェ」をつくりたいと考えている。「若年性認知症の人がカフェの手伝いをしたり、いろんな世代の人が集まったりできる場にしたい」。もっと拠点が広がり、認知症への理解が進むことを願っている。

「認知症の人と家族の会」県支部の集いが開かれているのは、「頸北」「上越」「妻有」「佐渡」のほか、「糸魚川」「三条」「長岡」「南魚沼」「新潟」「新発田」の各地区。この中には冬季は集いを休む地区もある。問い合わせは県支部の金子さん、025（550）6640。

## 経験基に運営支える
## 聞き役徹し 温かいケア

「そうだよね。切ないよね」「あなたの体がもたないよ。体と心を休ませて」—。新潟市中央区の市総合福祉会館で開かれた「認知症の人と家族の会」県支部新潟地区の集い。切々と介護の悩みを打ち明ける人に、認知症の親や配偶者をみとった経験者が温かい言葉を掛けた。県支部ではこうした経験者が「世話人」として会の運営に関わっている。

現在、世話人は約30人。当初は介護中の人が務めたが、次第にみとりを終えた人が大半を占めるようになった。運営スタッフとして集いに加わるほか、会計や啓発活動、年に1度の「リフレッシュ旅行」の幹事も引き受ける。県支部を支える重要な存在だ。

認知症の弟がおり、集いに初めて顔を出した同市中央区の男性（74）は世話人から行政の支援体制や相談窓口を教わり、「視野が広がった」と話した。

認知症の家族を介護している人の話に、じっくりと耳を傾ける寺尾けい子さん（中央）と加藤文子さん（左）＝新潟市中央区

「お世話になった会のために力になれればと思って」と語るのは、世話人の寺尾けい子さん（65）＝同市東区＝。認知症の母を8年、介護した。

手探りの介護を続ける中、経験者の話は大いに参考になった。朝、デイサービスに行く母の着替えに時間がかかり、イライラしてけんかになってしまう。そう悩みを打ち明けると、「パジャマを着たままでもいいじゃない」とアドバイスしてくれた。「気持ちが楽になりましたね」。さりげないひと言で、すっと肩の荷が下りたという。

集いでは、世話人たちは聞き役に徹する。経験は語るが、自分の考えは押し付けない。集いは誰でも受け入れる温かい雰囲気が漂い、安心して発言できる場となっている。

家族をみとった後の後悔や悲しみと向き合いながら、世話人を務める人もいる。加藤文子さん（66）＝同市秋葉区＝は4年前に夫を亡くした。認知症だと告知された時は既に夫の症状は進行し、徘徊と、食物以外の物も口に入れる異食を繰り返して見る間に衰弱した。「病に気付けなかったことを後悔し、主人の死を引きずり、殻に閉じこもっていました。でも、会に携わると自分の居場所があると感じる」と加藤さん。

集いでは初めて参加する人の顔と名前を覚え、次回は「また来てくれてうれしい」と歓迎する。苦しい体験を語る人の手を握ったり、肩をたたいて励ましたりもする。こうしたケアで心が随分と軽くなることを、先輩の世話人から教わった。

親や配偶者と死別し、同じ思いを抱える人と語り合うこともある。「時間がたてば気持ちが穏やかになるでしょう。みとった経験があるからできることもある。これからも会の活動を続けたい」。加藤さんは言葉をかみしめた。

# 正しく病を理解して暮らしやすさ実現の灯台に

新潟市中央区の万代シテイで2013年10月に開かれた「新潟市民健康福祉まつり」。「認知症の人と家族の会」県支部の会員たちは、活動を紹介するチラシ配りに励んでいた。「私の友達、介護が大変なんです」「認知症の家族について心配なことがありまして…」。チラシを受け取りながら話し込む人の姿も見られた。

認知症について正しく理解してもらい、本人や家族が安心して暮らせる社会にしたい—。県支部の重要な活動目的でもある。

「認知症という名称が広まったせいか、以前に比べれば世代、性別に関係なく関心を持つ人は増えていますね」。世話人の永井千恵子さん（64）＝新潟市北区＝はこう説明する。ただ、関心があっても正しい理解となると心もとない。認知症に対して「徘徊したり、突然

認知症について正しく理解してほしいとチラシを配る会員たち。市民に訴えることも県支部の大事な役割だ＝新潟市中央区の万代シテイ

怒ったりする怖い人」というイメージは根強くあり、家族も周囲や地域に隠しがちだ。会員たちは「関心が高まっているのは、認知症になりたくないという裏返し。上手に付き合えば楽しく暮らせるのに…」ともどかしがる。

永井さんも、認知症の母や夫の介護をし、みとった経験から活動に関わるようになった。「当時は大変だったけど、介護した経験は財産としてきちんと残っています。介護は親が子に残す最後の教育って言うけど本当ね」とほほ笑む。

「理想は誰もが認知症だと気兼ねなく公表できる社会の実現なんです」。副代表の等々力務さん（38）＝同市西区＝は強調する。「そのためには小さな声であっても訴え続けていくしかありません」。これは社会保障制度の充実などを国に訴える全国組織の「家族の会」を支える支部の役目でもある。

県支部単独でも機会があるごとに、行政や医療福祉関係者への働き掛けをしてきた。その一つの成果が、県支部が発足した1996年に全県で始まった「はいかいシルバーSOSネットワークシステム」だ。これは認知症のお年寄りが行方不明になった際、地元警察署から本人情報を地域のタクシー会社やコンビニエンスストアなどにファクスで流し、早期発見を目指すものだ。

「家族はずっと悩んでいたことですが、県支部ができたからこそ実現できた。それぞれの小さな思いも、まとまれば社会を動かせることを実感できた出来事でしたね」。義母の介護経験から県支部発足に加わった小柴早苗さん（66）＝上越市＝は振り返る。地域での見守り体制ができたおかげで、幾人もの会員から「四六時中ピリピリせず安心して暮らせるようになった」との声が寄せられた。

発足18年目になる県支部は13年11月半ば、長年にわたる功績が認められ、「健康づくり功労者県知事表彰」を受けた。等々力さんは「誰もが暮らしやすい社会を実現するための導きになる。県支部はそんな灯台のような存在であり続けたい」と語った。

# 3

# 支え合いの一歩

## 今、湯沢町で

認知症になっても、住み慣れた土地で安心して暮らし続けたい——。そう願う人は少なくないだろうが、県内の現状を考えると果たしてどこまでかなえられるのだろう。高齢者が増え、支え手となる現役世代が減る中、介護福祉サービスに頼るだけでは限界もある。地域住民たちが中心となって「支え合いへの一歩」を踏み出している冬の湯沢町を訪ねた。

## 移住者 ボランティアで活躍
## 見守りと理解で安心

雪が静かに降る中、デイサービスを終えたお年寄りたちが、白い息を吐きながら建物から出てきた。「ゆっくりでいいからね。気を付けて」。バスに乗り込む認知症の女性の体を支えながら、湯沢町でボランティアをしている江川久一さん（65）は優しく語りかけた。

山あいにあり、冬はスキー客でにぎわう湯沢町。温泉地としても知られ、県内で有数の観光地だが、町の高齢化率は3割を超える。人口約8300人のうち、介護認定を受けた認知症の高齢者は約300人いるとみられ、その半数は在宅で暮らす。江川さんはこれからの季節、除雪などのボランティア活動に忙しい。慣れ親しんだ自宅での生活を支える重要な担い手の一人だ。

江川さんは定年退職後の2010年春に千葉県浦安市から、湯沢町に隣接する南魚沼市

駒形虎次郎さん（中央）と、県外からマンションに移り住んできた人たち。移住者はボランティアを通じ、地元住民と交流を深めている＝湯沢町土樽

石打地区のマンションに夫婦で移住した。ＪＲ越後湯沢駅まで車で約10分。「自分と同じような県外出身者が多いため、溶け込みやすい」と、この町で活動をしている。

湯沢町はバブル時代に建設されたリゾートマンションが数多く立ち並ぶ。現在、中古物件の中心価格帯は１００万～２００万円まで下がっている。購入しやすさや、東京駅から新幹線で約1時間という地の利もあり、首都圏の会社を定年退職した団塊の世代を中心に、「第二の人生」を送る場として移り住むケースが増えている。

そうした人が、「地域とつながりを持つきっかけに」とボランティアを始めることも少なくない。現在では10人以上が活動している。

活動を通して町内に少しずつ接点ができ、自然と人間関係も広がる。江川さんがデイ

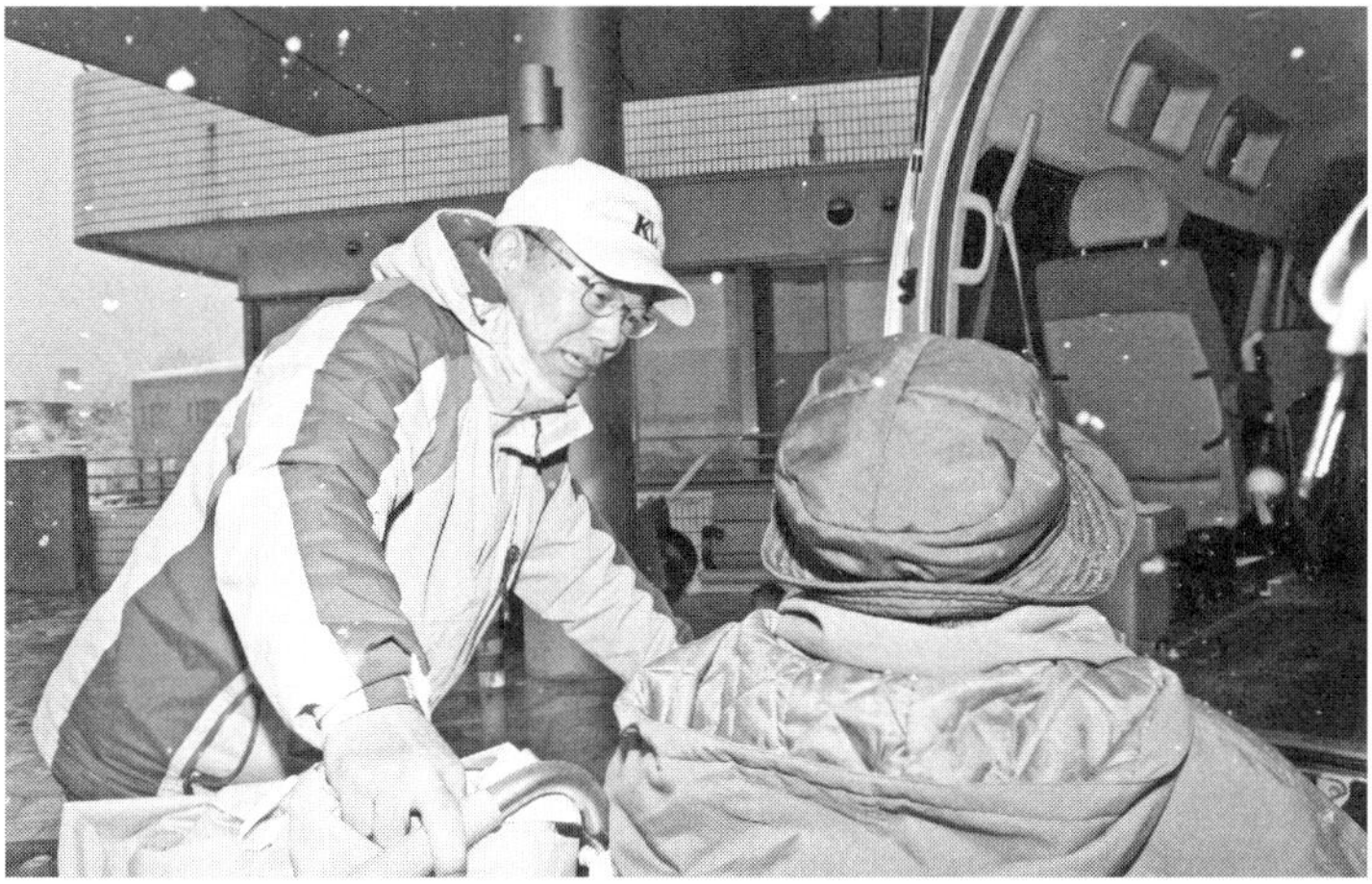

デイサービスから帰宅する車いすのお年寄りを見守る江川久一さん。江川さんのようなボランティアが、地域の高齢者を支えている＝湯沢町湯沢

サービスの送迎の仕事をするようになったのも、ボランティアがきっかけだ。湯沢町ボランティア連絡協議会会長の駒形虎次郎さん(69)は「認知症のお年寄りと地域をつないでくれる。町外出身者ならではの視点で活動してくれるので、刺激にもなっています」と歓迎する。

江川さん自身は、親の介護は体験していない。でも、「元気な自分が手伝えることがあれば」と日々を過ごしている。「将来、町の高齢化率は大変なことになる。いずれは私がお世話になるかもしれない。お互いさまですよ」と力強い。

「住み慣れた湯沢町で安心していきいきと暮らす」――。これは町が掲げる認知症施策の大きな目標だ。認知症になっても、なじみの商店へ買い物に行き、外の空気を吸うために散歩に出掛ける。たとえ外出先で自分の居場所が分からなくなったり、レジで金銭の計算ができなくなったりしても、地域住民の見守りと理解があれば安心して暮らすことができる。

実際、認知症のお年寄りを抱える家族にとっては、「元気かね」「気を付けてね」などと、普段から近所の人が声掛けをしてくれることが、何よりありがたいという。同町で認知症の義父母を介護する50代の女性は「2人とも散歩が好きなので、自由に好きなところに行かせてあげたい。地域で見守ってくれれば、私も安心」と言う。

ただ、重要な支え手であるボランティアも団塊より上の年代が中心のため、次第に高齢化していくのは避けられない。「今後は頼るだけではなく、住民それぞれが自分のできる範囲で支え合うことが必要になる。急には難しくても、少しずつ歩んでいかなければなりません」。駒形さんは言葉をかみ締めた。

## 交流の場に足湯提供
## 地元住民「できることを」

湯沢町に立ち並ぶ約60棟のリゾートマンション。新天地に溶け込み、充実した田舎暮らしを送る移住者がいる一方、煩わしい人付き合いを避け、周囲との交流を拒む人もいる。認知症になるなどして介護が必要になった際、きちんとした支援の手が届くのかが心配されている。

同町三国の浅貝地区は、リゾート地「苗場」として名が通る。古くからの旅館街をマンションが囲むように点在する。

高齢のマンション住民も多く、「中には引きこもって顔を合わせない人もいます」。地元の民生委員高野陽子さん（66）は打ち明ける。

きっかけをつくろうと福祉サービスを紹介するチラシを持って行っても、入り口のイン

足湯を通じて交流している人たちと話す大島れい子さん（右）。「毎回楽しみにしているよ」と声が掛かるようになった＝４日、湯沢町三国

ターホンの電源が切られていたことがある。誰にもみとられず死後発見されたケースもあり、高野さんは「どうにかして関わりを持ちたいが、私一人の力では限界がある」ともどかしがる。

こうした現状を受け、地元住民も動きだしている。その一つが寄り合いの場「かたり湯」だ。浅貝地区で民宿を営む大島れい子さん（64）らが「高齢化が進む中で、自分たちで何かできることを」と、近所の日帰り温泉施設の足湯を借りて2012年秋から運営している。お年寄りから若者まで誰でも参加でき、月に1度、お茶を飲みながら語らい、のんびりと過ごす。

大島さんが寄り合いの場を始めた一つに、

これまで接点の少なかったマンション住民との距離を縮めたいとの思いがあった。バブル期に次々と建設されたマンションと、地元の住民の間には互いに壁があった。

残念ながらまだ、マンション住民の参加者はいないが、足湯を提供した町内会長の師田富士男さん（62）は「井戸端会議のように、いろんな人が気軽に集まって楽しんでほしい。こんな場があれば自分も将来年を取ったときに安心」と語る。

湯沢町は13年夏、各マンションの管理組合の理事長と、町幹部を交えた初めての連絡会議を開いた。マンション住民の高齢化に、いち早く対応している管理会社もある。

日本ハウズイング（本社東京）では湯沢町の管理人ら従業員を対象に、認知症についての理解を深める「認知症サポーター養成講座」を実施。これまで講座は首都圏が中心だったが、町内で7棟のマンションを管理する同社の越後湯沢営業所長、矢野良和さん（41）は「孤立するお年寄りがいる湯沢は都会と似ている。会社として無視できない」と説明する。

浅貝地区の大島さんは、自身の民宿に「かたり湯」の参加者を招き、新年のイベントを楽しみたいと考えている。「何より場があるというのが大事。長く続けて、一人でも多く顔見知りを増やしていきたい」と前向きだ。

## 3人の子交代で滞在 〝交換日記〟書き込み連絡

核家族化が進み、一人で暮らすお年寄りは湯沢町でも増えている。認知症の症状が出てきた時に、家族はどうするか。呼び寄せて一緒に暮らすのか、施設に入居させるのか、通いながら介護をするのか—。簡単には答えの出せない問題だ。

同町の中島サダさん(94)は、夫が亡くなった約20年前から一人暮らしをしている。認知症の症状が出始めたのは10年ほど前。今は県内外の子ども3人が約1週間ずつ交代で実家に通い、泊まり込みで中島さんの介護をしている。

「母が時折おかしなことを言うと思っていましたが、最初は年のせいだと思っていたんです」。次女の桑原和子さん(56)=新潟市東区=はそう振り返る。徘徊のような症状は出ていないものの、家事などで火を使わせるのは不安だった。当時、南魚沼市に住んでいた桑原さんが最初

きょうだいが協力しての母・中島サダさん（左）の介護。東京から通う長女の山下富江さんは「母はこの家にいるととても落ち着くんです」と話す＝湯沢町湯沢

に通うようになり、後に首都圏に暮らす兄と姉も新幹線を使って介護に加わるようになった。

「父の介護や私の子育てでは、ずっと母に世話になりっぱなしでしたから」。長女の山下富江さん（64）＝東京都小平市＝は湯沢町まで介護に通う理由をそう語る。毎月の新幹線代は決して安くはないが、夫やパート先の理解があるからこそ、今の生活を続けることができる。「私は恵まれている方だと思います」

サダさんはもともと、とても穏やかな性格だ。それは認知症になった今も変わらない。「でも、何度も同じことを繰り返されると、私だってストレスはたまりますよ」。そこで週3回、デイサービスを利用。交代しながらきょうだいが滞在する合間にショートステイを挟み、無理をしないようにしている。

2013年の末から14年元日までは長男の中島正さん（68）＝埼玉県越谷市＝が担当した。

決して楽ではない介護だが、結婚後バラバラになっていたきょうだいの結び付きが深まったという。「これも母のおかげですね」と山下さん。3人の間で、サダさんの体調や、時にはそれぞれの愚痴も書き込む〝交換日記〟を続けており、6冊目に入った。

湯沢町で要介護認定を受けた約400人のうち、軽度を含む認知症の高齢者は約300人。半数ほどは在宅で暮らす。独居が増えている一方、同居者がいても家庭内で子ども世帯と〝別居〟状態になっているケースがある。こうした場合、プライバシーの問題から福祉の専門家は介入しづらい。「認知症の介護は、家族間の関係性の改善から始まる」と指摘する医師もいる。

慣れ親しんだ古里に愛着を持っているお年寄りは多い。湯沢で生まれ育ち、結婚後も過ごしたサダさんもそうだ。

「本人ははっきり口にはしませんが、この家が大好きなんですよ。だからこそ私たちもここに通っているんです」と桑原さんはほほ笑んだ。

## 山間の悪条件に苦闘
## 有償ボランティアが補う

介護保険制度を利用し、在宅での生活を続けている認知症の高齢者は少なくない。ただ、湯沢町のような山間地は、移動距離や採算面など、サービスを提供する事業者にとって苦労は多い。冬場は雪にも悩まされる。

「冬の訪問は厳しい。山道の運転は怖いので、時間に余裕を持って慎重に出掛けます」。町社会福祉協議会のヘルパー半沢仁美さん（47）はこう日常を説明する。

やっとの思いで訪問先に到着しても、雪かきをしないと玄関までたどり着けない。仕事をしている約1時間の間に、車の上に雪が降り積もる。しかし、これらの移動や雪かきは介護報酬の発生しない「サービス外」の仕事だ。

町内に在宅型のサービスを提供する介護事業所は3カ所ある。家事援助など高齢者の生活を支える訪問介護サービスは、町社協が一手に担っている。町社協のケアマネジャー角谷洋さん（36）は「赤字覚悟でやらないといけないので民間参入は難しいようだ」とみる。

慣れ親しんだ自宅で暮らすには、日々の食料品調達は欠くことができない。しかし、食料品を買うことができる店のほとんどが町の中心部に集中。ヘルパーに買い物を頼む訪問介護の利用者は多い。

同町で認知症の妻（90）と2人で暮らしている男性（87）は足が悪く、自身も要介護2だ。外出は難しく、週に1度、ヘルパーに買い物を頼んでいる。「ヘルパーさんに来てもらわないと、1週間食いつないでいけない」と語る。

食パン、砂糖、肉、魚…。1週間分の買い物メモは、いつもびっしり。「妻への接し方もヘルパーさんから勉強している。自宅で2人が暮らしていけるのは訪問のおかげ」と感謝する。

介護保険サービスでは依頼できる内容に限りがある。そこで町社協は2012年から、有償ボランティア「つながり隊」を始めた。雪かきや本人が普段使わない部屋の掃除など、介護保険では対象とならない部分を住民同士で助け合おうという趣旨だ。

高齢者だけでなく、障害者や子育て中の人も利用できる。現在、60、70代を中心に、十数人のボランティアがおり、1時間400円で利用できる。

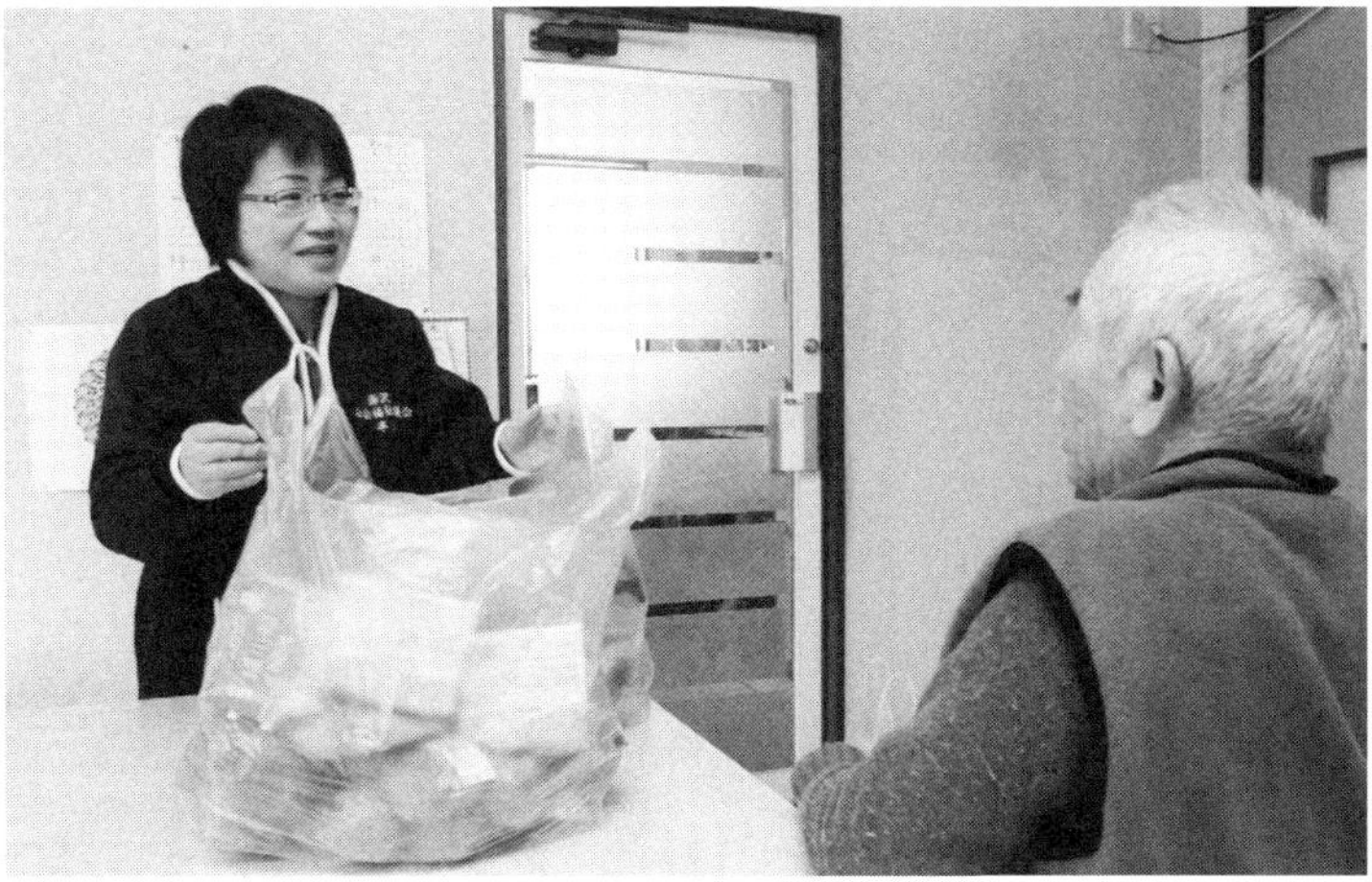

依頼された食料品を渡す町社協ヘルパーの半沢仁美さん（左）。男性は「これで１週間食べていける」と笑顔を見せた＝湯沢町湯沢

ボランティアの一人、同町の井熊雪子さん(61)は週1回、一人暮らしの高齢女性の掃除やごみ出しを手伝っている。「有償なので提供する方もされる方も気兼ねしなくていいですよ」

訪問しない日でも散歩中にお年寄りの家の前を通ったときは、カーテンが開いているか、洗濯物が干してあるか確認するようになった。お年寄りを見守る住民たちの「ちょっとした」気遣いや心遣いが、既存の制度に厚みを加えている。

## 交流する機会が大切
## 一人暮らし参加呼び掛け

「ハッハ、ホッホ、イエーイ！」。手で膝をたたきながら腹の底から思い切り笑う。集まった十数人のお年寄りたちは元気な声で拍子を取りながら、「笑いヨガ」を楽しんだ。

湯沢町総合福祉センターで毎週ある「いきいきサロン」の一こまだ。町社会福祉協議会が介護予防を目的に開いている。参加対象は、原則として介護保険制度を利用していない一人暮らしの高齢者。「独居ではどうしても引きこもりがちになる」として、町の健康診断に来た人に保健師が呼び掛けている。参加者には、軽度の認知症のお年寄りも多い。

同社協でサロンを担当している田村恭子さん（35）は「一人暮らしではどうしても笑う機会が少なくなる。楽しいと思ってもらうことが予防につながります」と話す。実際、参加者は「週に1度のこの日を楽しみにしている」「家では一日中、テレビをつけっぱなし。

健康体操を楽しむ「いきいきサロン」の参加者。人と接することが刺激になり、認知症予防につながっている＝湯沢町の町総合福祉センター

ここではみんなの顔を見ることができてうれしい」と口にする。

「認知症になるとどうしても外に出たがらなくなる。人と会って相手が誰か思い出せなかったり、そのようになった自分を恥ずかしく思ったりするためです」。町内にある唯一の総合病院「湯沢町保健医療センター」のセンター長、浅井泰博医師（51）は説明する。

他の人と交流し、話をするのは脳によい刺激を与える。認知症の予防や進行を抑えることにも役立つ。そのため、定期的に出掛ける居場所があることは大事だ。浅井医師も「患者さんには集いの場への参加を積極的に勧めています」と語る。

病院と地域包括支援センター、町社協が

入っている総合福祉センターは隣接し、廊下でつながっている。家族や本人は診察を目的に来るため、町内にはどんな福祉サービスがあるのか知らないことが多い。建物が隣接していることで、紹介しやすいという。

同町ではお年寄りが集う場として、「いきいきサロン」のほか、町が実施する「ひだまり」などがある。体の状態によってさまざまなプログラムが用意されている。バスの送迎があり、複数の場に顔を出している人は多い。

それぞれの集いの運営には町民のボランティアが関わり、場を盛り上げている。ボランティアの一人、高橋静江さん（67）は「私も一緒に話をしたり、体を動かしたりして楽しんでいます。お年寄りは人生の先輩でしょ。いろいろ教えてもらうことが多いんです」と語る。

「笑いヨガ」を教えている田村千秋さん（56）も「私もこんな風に年を重ねたいですね」とにっこり。集いの場は、認知症への理解を深める場にもなっている。

## 現役世代中心に発案
## 畑借りて収穫の喜び共有

ダイコン、ニンジン、ネギ、サツマイモ…。収穫された野菜がずらりと並ぶ。男性ボランティアたちがこれらの野菜を使って豚汁を作る傍らで、認知症の女性は慣れた手つきでイモ餅をこねた。

2013年12月、湯沢町の公共施設の一室。「アクション農園倶楽部《くらぶ》」の「農園じまい」が開かれた。冬場は農作業を休むため、お年寄りやボランティアら約20人が集まり、料理を存分に楽しんだ。

同倶楽部は町民と認知症のお年寄りが一緒に畑を耕すプロジェクトだ。12年の春、スタートした。

約200平方メートルの畑は町民が無償で貸し出している。毎週火曜の午前中に作業

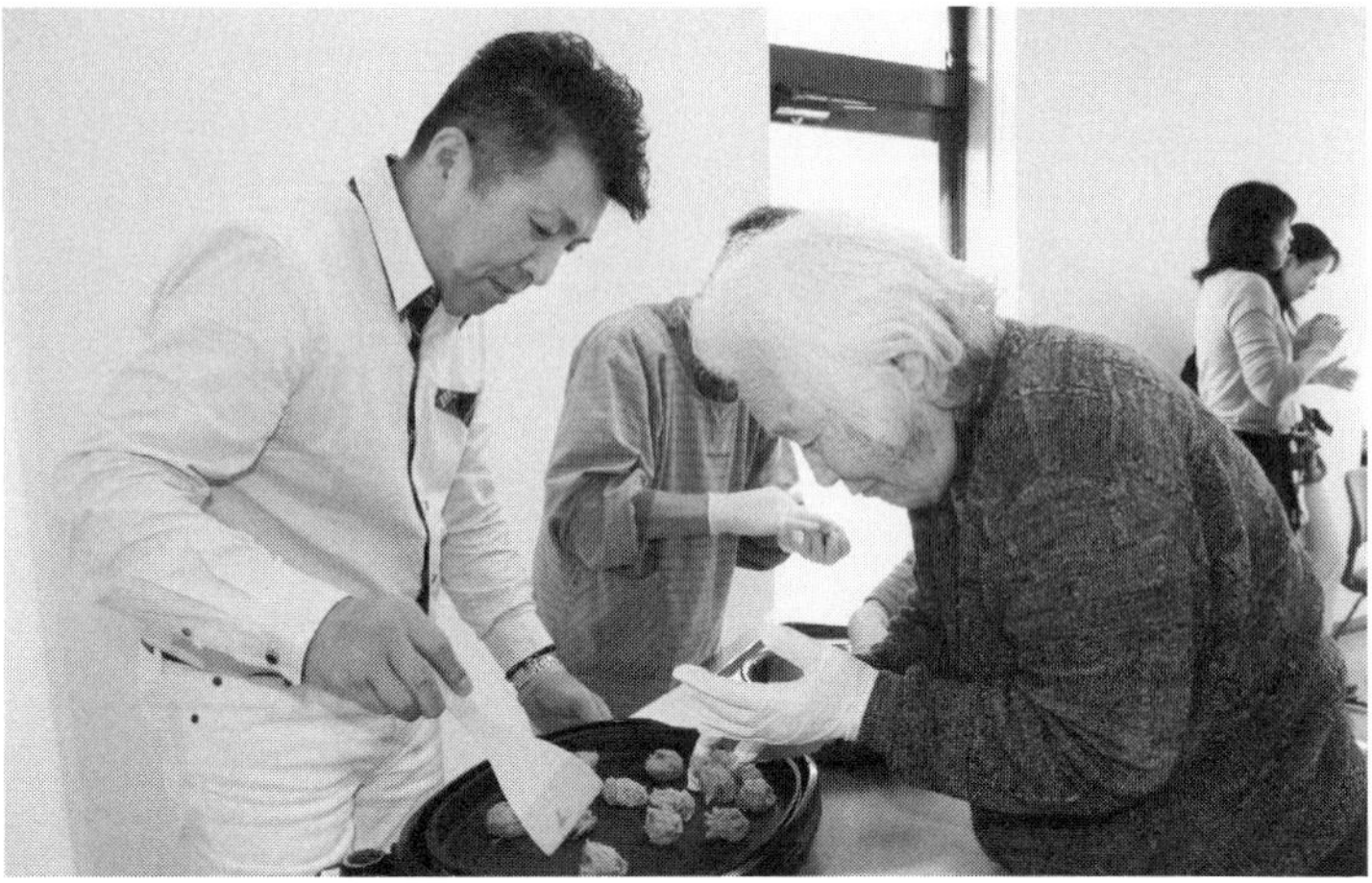
「農園じまい」でイモ餅を作る女性（右）。認知症のお年寄りにも役割があり、生き生きとした表情をしている＝湯沢町の町総合福祉センター

し、13年は20種類近い作物を育てた。

「皆さん、農園に来るのをとても楽しみにしているんです。帰るときには表情がとても生き生きしていますね」。町内のグループホーム「雪割草」の職員、蒼井智恵美さん（29）は実感している。

畑作業をしていると、近くを通った住民から「おお、だいぶ育ったな」「今日も元気にやっているね」などと声が掛かり、会話が生まれるようになった。

高齢化が進み、このまちは将来どうなるのだろう——。アクション農園倶楽部は、そんな危機感を抱いた40、50代の現役世代が中心になって始めた。住民と行政が将来のまちづくりを考える「アクションミーティング」をきっかけに生まれた。

「認知症のお年寄りを支えるために、自分たちは何ができるか。それで行き着いたのが農園だったんです」。同町の会社員で、プロジェクトの団長を務める丸山静二さん（51）は振り返る。

土地柄、かつて畑作業をしていたお年寄りは多い。認知症の人が外に出て太陽の光を浴び、土を触るのはいいことではないか。そんな気持ちからだった。副団長で町の保健師、

サツマイモ掘りに励む人たち。手慣れた様子で、作業を進めていった＝2013年10月、湯沢町神立

国松明美さん（50）も「農園はお年寄りや、ボランティアの人たち、農作業に必要なものを提供してくれた町民、みんなそれぞれが活躍している場なんです」と笑みを浮かべる。

プロジェクトで大切にしているのは「できる範囲で関わる」ことだ。「認知症のお年寄りの支援というと、みんなプロの仕事だと思ってしまうんですね。でも話し相手をするだけでもいい。むしろ普通に接するのが一番なんです」。プロジェクトに参加

している同町の自営業、南雲日吉さん（42）は強調する。

「最初は夢物語かも」と思っていたという取り組みだが、少しずつ支援の輪が広がってきた。「湯沢では農園という形で、認知症のお年寄りたちに笑顔が生まれた。今後もこの取り組みを続けて、住民みんなが元気で過ごせるまちにしたい」と丸山さん。そして「それぞれのまちにそれぞれのやり方がある」と言葉をつないだ。

## 高齢者支える住民の思い

連載の取材では、湯沢町の各所で、それぞれの立場で認知症の高齢者を支えていきたいと考えている住民たちと会った。10代から60代まで5人の思いを紹介する。

**《養成講座受けサポーターに》**

授業の一環で「認知症サポーター養成講座」を受けました。認知症になっても全て忘れてしまうわけではないことや、お年寄りへの声の掛け方を学びました。認知症の人と会った時はできるだけ声を掛けたり、見守ったりしたいです。町の人みんなが知識を持ち、思いやりのある町になればいいと思います。

湯沢中学校3年の金子一樹さん（15）

**《地域とともに見守り続ける》**

駐在所の管轄内にはリゾートマンションが20棟以上あります。家族と訪れ、散歩中にマンションの場所を忘れた認知症の人を保護したことがあります。これからもっと増えるのではないでしょうか。地域の人は徘徊している認知症の人がいると心配し、声を掛けてくれます。今後もしっかりと認知症の人を見守ります。

土樽駐在所巡査の小竹充さん（34）

**《自然に声掛け安心なまちに》**

認知症のお客がいる場合、スタッフ全員で目配り、気配りを心掛けています。困っている様子があれば、「何かお探しですか」と声を掛けます。私自身、消防団で行方不明になった認知症のお年寄りの捜索に加わったことがあります。住民誰もが普段から自然に目配りができれば、安心して暮らせるまちになると思います。

旅館の従業員、大塚正利さん（40）

**《薬手渡すとき症状に気配り》**

薬を渡すときには、認知症の症状が出ていないか、それとなく気を配ります。毎日きちんと薬を飲めるか、確認するためです。認知症のお年寄りはできないことが少しずつ増えるだけで、人格が変わるわけではありません。症状に気付いた人が支援先につなげるよう、今後も理解の輪が広がっていけばいいです。

調剤薬局の管理薬剤師、高橋桜子さん（55）

**《マンションの大浴場で交流》**

ボランティアや料理教室で交友関係を広げています。私が住むマンションでは大浴場が住民の交流の場で、「1日顔を見ないと部屋を訪ねるから」などと声を掛け合っています。マンション定住者は60代の人が多いので、これから認知症の人も増えるかもしれません。町と深く関わっていきたいです。

2010年に埼玉県入間市から移住した今井俊勝さん（68）

# 4

# 家族と介護

## それぞれの形

家族が認知症になり、日々献身的な介護を続けている人たちは県内各地に大勢いる。高齢世帯の増加や少子化などに伴い、その形も置かれた立場もいろいろだ。悩みや不安、使命感…。介護家族が抱える思いとともに、こうした家族を支えるため、どんな手だてがあるのかを考えたい。

# 感謝の念で寄り添う「いつまで続けられるか」

介護する側も、介護される側も高齢者。「老老介護」は、年を重ねて体力が衰えた介護者にとって負担が大きい。家事経験の少ない男性はなおさらだ。

「仕事、家事、家内の介護、何役もこなす日々をいつまで続けられるか」。糸魚川市の板金業、山本隆千世《たかちよ》さん（74）は不安をのぞかせる。

妻の富子さん（76）に認知症の兆候が表れたのは5年ほど前。当初は「物忘れは誰にもある」と気に留めていなかった。しばらくすると、通帳や実印をなくすといった以外に、食卓に砂糖が入ったみそ汁が出てきたり、ガスコンロを消し忘れたりするようになった。「ひやひやすること」の連続で、山本さんが家事も担うようになった。

自身は2012年11月、胃がんの摘出手術を受けた。再発の可能性もあり、定期的に医師の診察を受けている。

電化製品をつけっ放しにする富子さん。毎日、火の元を念入りに確認してから床に就く。買ってきた食材や着替えを出しておくと、片付けた後でしまい場所を忘れてしまうので探すのに一苦労する。

「くたばっちまえ」。カッとしてつい、汚い言葉を浴びせてしまうことがある。「何でそんなこと言うの」。険悪な雰囲気になって後悔する。「優しく言い聞かせられたらいいが、職人かたぎの自分には難しくて」と漏らす。

息抜きは、20年以上続けている野球審判だ。関東甲信越地方の大学リーグの審判員を務め、学生や教員と触れ合うと心が軽くなる。ショートステイを使いながら年10回ほど、各地に遠征。独立し、近所に世帯を構える息子夫婦も手助けしてくれる。

先日、富子さんの地元静岡で法事があった。親族は、認知症の富子さんとの接し方に戸惑っている様子だった。話の輪に入れずぽつんと所在なさげな妻を見て、胸が痛んだ。

連れ添って50年。子ども3人に恵まれた。富子さんは内弟子の身の回りの世話をして家業を支え、弱音を吐かず1人で山本さんの父を介護してくれた。今の現実と向き合えるのは「感謝の気持ちから」という。

村上市の元教員、板垣清さん（91）は要介護3の妻フジさん（87）と2人で暮らす。板垣さんは心臓にペースメーカーを埋め込み、歩くときはつえが手放せない要支援2。週3日訪れるヘルパーに家事やフジさんの入浴を頼み、近隣に住む長女と次女も代わる代わる様子を見に来てくれるが、排せつ物の始末など自身も介護に当たる。「せつないけど、乗り越えないといけない」

妻フジさん（左）を介護する板垣清さん。出掛けるときは妻の手を引き、仲良く寄り添って歩く＝村上市

4、5年前、妻の認知症について周囲に告げた。家の車庫に置いたごみを誰かがいつの間にかステーションに運んでくれたり、通院の日に車を出してくれる親戚がいたりと、さまざまな気遣いに感謝する。

フジさんの病状は緩やかに進行。最近はぼんやりとテレビを眺める時間が増え、頻繁にしていた昔話もしなくなった。

「あんたが忘れたことは、みんなここに入っているからな」。板垣さんは妻を気遣い、自分の頭を指さした。そんな姿を見て、フジさんは頬を緩めた。

サ|ポ|ー|ト|メ|モ

## 「介護」知らせるマーク

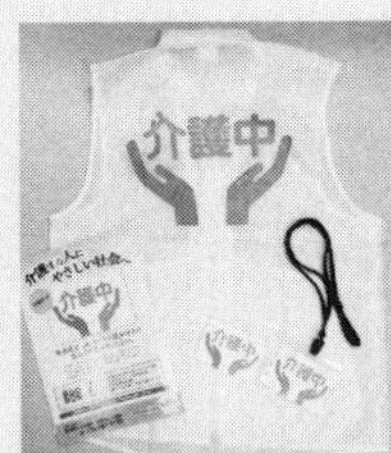

介護中であることを知らせるマーク。首から下げたり胸に着けたりできる台紙のほか、ベストもある

認知症を患っているかどうか、外見では分からないことも多い。妻（82）の介護を8年間続ける上越市の植木要作さん（83）は、外出先で妻を女性用トイレに連れて行ったり、女性用の下着を買ったりした際、「不審そうに見られ、嫌だった」と振り返る。

こうした声を踏まえ、認知症の人と家族の会県支部では2012年、静岡県が考案し、全国に広まった「介護マーク」を使ったベスト80着の貸し出しを開始。県もネームプレートなどに入れて使える台紙を約1万5千枚印刷し、市町村に配布した。植木さんはマークによって「周囲の目が気にならなくなった」と喜ぶ。

ベストの貸し出しは無料だが、送料は自己負担。申し込みはファクスで同会県支部、025（550）6640。台紙は市町村や地域包括支援センターなどで入手できる。

## 夫の支え あればこそ「なぜ私が」複雑な思いも

本県の3世代同居率の高さは、全国でも上位にある。その分、同居する親が老いると、介護の負担は「お嫁さん」に重くかかってしまうことが多い。

下越地方の女性（59）は、夫（66）と義母（88）との3人暮らし。約30年前、夫の転職がきっかけで同居を始めた。義母は家事は一切せず、女性が出産した際も台所に立たなかった。夫婦仲は良いが、たまにするけんかの理由はいつも義母。離婚が頭をよぎったこともある。

そんな義母に認知症の症状が出始めたのは10年ほど前。粗相を隠そうとしたのか、トイレットペーパーを大量に使い、トイレを詰まらせた。義母を入れた後の風呂に漬かり湯を抜くと、入浴剤の濁りで隠れていた便が現れ、ぎょっとしたこともある。声を張り上げて

居間で過ごす（左から）本間淳子さん、チヅさん、茂雄さん。一家はチヅさんを中心に生活している＝関川村

怒りたい。でも、義母がおびえて騒いだら、大変なのは私。怒りをのみ込み、介護を続けた。

1年前、義母はけいれんを繰り返し、認知症が急激に悪化した。物も食べられなくなった。

女性も夫も、管で胃に栄養を送る「胃ろう」はせず、みとる覚悟を決めたが、主治医に「治療が先だ」と、暗に胃ろうを促された。施設への入所も考えたが、胃ろうで入れる施設は限られる。「包丁を持った人がいる」など激しくなった幻視への対応に、胃ろうの処置にと、女性の負担が増した。

義母の認知症はまだら状態で、意識がはっきりしているときに「もう、人生おしまいにしたい」と訴えられた。「つらいのかな」。弱っている義母を見ると切なくなる。でも、自分の心に余裕がない場合は「なんで私が…」と、いら立ちも募る。

支えは夫の協力だ。義母を車で連れ出して気分転換させ、夜は義母の隣で寝て、騒いだら落ち着かせてくれる。「もう少し、主人と頑張ります」。女性は静かに語った。

関川村の本間淳子さん（56）は、義母のチヅさん（81）を介護している。約30年前、嫁に来た自分を実の娘のようにかわいがってくれた。周囲からはデイサービスなどの利用を勧められるが、「散々一緒に暮らして、育ててもらった。本人がここにいるのが幸せだと思うから」と利用していない。

とはいえ、足腰が達者で歩き回り、転倒の危険性があるチヅさんからは目が離せず、気が休まることはない。なにかと気を配ってくれるのは、夫の茂雄さん（56）や同居する2人の息子たちだ。日中は仕事があるため不在がちだが、起床後のおむつ交換をしたり、昼食時に一時家に戻ってくれたりする。

毎日の入浴はいつも2人がかり。体を支える人と服を脱がせる人に分かれ、段差がある昔ながらの浴槽に抱えて入れる。茂雄さんは「母の症状は徐々に進行したから、こちらも徐々に慣れることができた」と言う。

いま、チヅさんにとって茂雄さんは幼い子ども、らしい。

「もちろん結婚していないから、私は架空の人。『どなたさまですか』ってよく聞かれます」と淳子さん。「それでも、たまに『淳子さんありがとう』って言ってくれると、うれしくて」とほほ笑んだ。

サ|ポ|ー|ト|メ|モ

## 介護保険うまく活用を

主な通所系のサービス

| | |
|---|---|
| デイサービス | 日帰りで施設へ通い、入浴や食事、レクリエーションなどを行う |
| デイケア | デイサービスの内容に加え、理学療法士らによるリハビリを行う |
| ショートステイ | 施設に短期間入所し、食事、入浴、排せつなどの介助を受ける |
| 小規模多機能型居宅介護 | 通所を中心に、訪問や泊まりのサービスを一つの事業所で行う |

認知症の家族を在宅で介護する場合は、介護保険のサービスを活用したい。利用には要介護認定の申請が必要だ。市町村や地域での相談窓口となる「地域包括支援センター」などで申請する。

新潟市地域包括支援センターふなえ（中央区）の大津左栄子さん（50）は「足腰が達者な初期では認定されない、と勘違いしている人はいまだに多い」と明かし、「認知症の初期ほど家族は大変。ぜひサービスを使って認知症の人と少し距離を置き、息抜きしてほしい」と呼び掛ける。

在宅で使える主なサービスは①デイサービス②デイケア③ショートステイ＝図参照＝など。ただ、施設に行きたがらない人もおり、大津さんは「訪問看護や訪問介護を使い、専門家に悩みや愚痴を話すことでも精神的に楽になります」とアドバイスする。

## 時間限られ 話進まず 親世代との意識差に悩む

「母の症状が進んだら父だけで面倒を見きれるか。ちゃんと話し合いたいのだけど…」。新潟市の主婦（55）は横浜市の実家に帰省するといつも、歯がゆい思いに駆られる。認知症の母（80）と病気で体が不自由な父（81）は2人暮らし。車や新幹線で月1回ほど実家に行くが、限られた時間と距離のせいで、将来の話が一向に進まない。

核家族化が進み、高齢夫婦だけの世帯が増えている。両親と離れて暮らす息子や娘が介護のため、親元に通うケースも多い。

この女性は車で出掛ける日、なるべく長い時間滞在できるよう早朝4時に出発。新幹線はお得な切符を利用し、交通費を抑える。

母がアルツハイマー型認知症と診断されたのは75歳の時。実家の台所や家電を見るたび、症状の進行を実感し、いたたまれなくなる。洗濯機に干し残しがあり、鍋は焦げ、炊飯器も湯沸かしポットも空だきが原因で数台が故障してしまった。料理の味付けができなくなり、2014年の正月に母が作ってくれた雑煮は、調味料の入れすぎで汁が真っ黒。言葉を失った。

首都圏に向かう人々で混み合う新幹線ホーム。家族を介護するため、長距離を行き来する人もいる＝新潟市中央区のJR新潟駅

母は、自分が病気だという自覚がない。女性が物忘れや間違いを指摘すると怒って大げんかになり、「泣きながら実家を後にしたことが何度もあった」。

最も気掛かりなのは火の不始末だ。専業主婦だった母は料理が得意。父は「調理中はそばを離れないから」と台所仕事を奪わず、家事で失敗してもとがめない。そのせいか、母は穏やかに過ごしているものの、やはり不安が募る。

両親のことは心配だが、家族を新潟に残して実家で暮らすことは、今のところ考えていない。自分が入ることで2人の生活が崩れ、かえって両親のストレスになるかもしれない。

同じように実家を離れて所帯を持った弟とは「今の環境でできる限りのことをやりながら、見守ろう」と話している。

ただ、2人だけの生活をずっと続けられるだろうか。父は「まだ自分が見られる」と言う。母は2年前から、小規模多機能型居宅介護施設のデイサービスやショートステイを使ってはいる。女性と弟はこれらのサービスをもっと利用したり、施設に入ったりすることを考えてもいいと思うが、父は消極的だ。

「人に頼りたくないというプ

サ|ポ|ー|ト|メ|モ

## 航空会社が介護者割引

遠距離介護は体の疲労に加え、交通費の負担が大きい。負担が少しでも軽くなるような方法は—。

主な航空会社には、介護する人と介護が必要な人の最寄り空港を結ぶ路線に適用される割引がある。要介護認定された人の2親等以内の親族などが対象。必要書類を添え、事前に航空会社に申し込む。

JRは、介護を目的にした割引はしてないが、通常の運賃より割安に買える新幹線の切符などが複数用意されている。こうした切符を活用することで節約が可能だ。

このほか、高速道路では自動料金収受システム（ETC）を使うと割引される曜日や時間帯がある。高速バスは飛行機や新幹線と比べると費用が抑えられる。

**遠距離介護で使える主な交通機関の割引**

| | 割引名 | 注意点 |
|---|---|---|
| 航空会社 | 介護割引（ANA） | 介護保険証や戸籍謄本のコピーなどを添え、事前に申し込む |
| 航空会社 | 介護帰省割引（JAL） | 介護保険証や戸籍謄本のコピーなどを添え、事前に申し込む |
| JR | モバトク | 携帯電話が切符代わりに。事前登録が必要 |
| JR | 週末パス | 前日までに購入。利用日が限定される |
| JR | 回数券 | 3カ月の有効期限がある |

ライドなのでしょうか。親の世代と私たちの世代で、介護に対する考え方にズレもある」。遠距離のため、家族がじっくり向き合える時間がなく、互いに納得できる道がなかなか見つからない。

実家には2日に1回の電話を欠かさない。「今週行くね」と伝えると、「待ってるよ」と声を弾ませる両親。女性の娘を電話口に出すと、特にうれしそうだ。「私たちが来るのが、2人の生活の励みになっているのでしょう」

先のことに頭を悩ませながら、「会った時くらい深刻にならず、家族で楽しく過ごしたいとも思う」と、複雑な胸の内を明かした。

## 仕事との両立に苦悩
## 体も悲鳴 奮闘する日々

朝昼晩の食事の支度、掃除や洗濯、病院送迎…。長岡市の男性（55）は24時間、いずれも84歳で認知症を患っている両親のそばを離れることができない。仕事との両立が難しく、両親の年金で生活をつなぐ。

男性は離婚後、1人暮らしをしていたが、父は7、8年前から物忘れが目立ち始め、会話のつじつまが合わなくなった。母も4年ほど前から様子がおかしくなり、徒歩数分のスーパーに行って2時間たっても戻らず、「道が分からなくなった」と言った。心配で同居した。

介護中心の生活は3年半になる。母は週3回の透析治療も受けている。長距離運転手の仕事は続けられなかった。家から通える職場に再就職したが、残業に応じられず退職した。

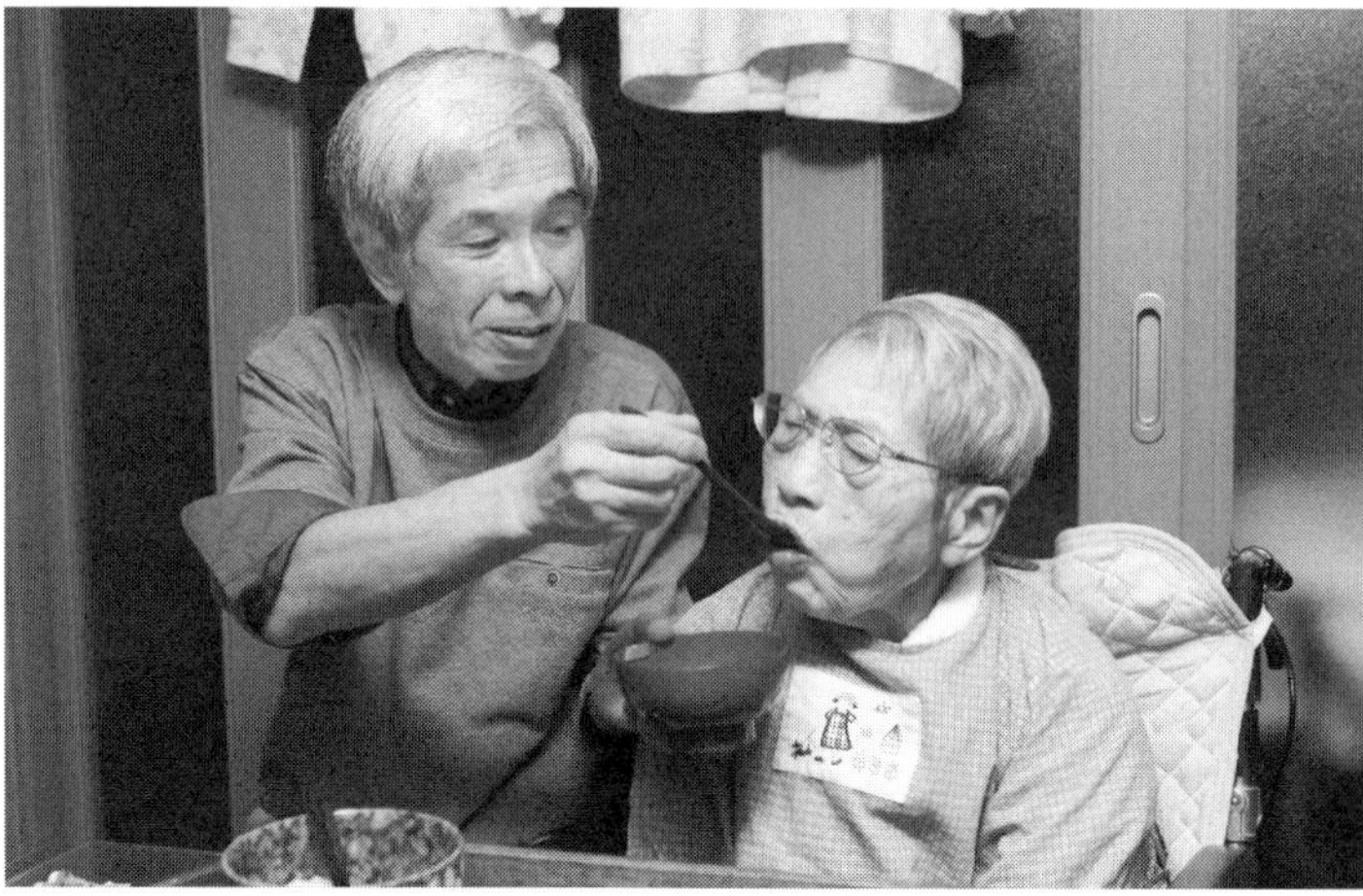
母フミさん（右）の食事を介助する笠原孝さん。腕を振るった料理は、ちょうどいい温度に冷ましてある＝新潟市中央区

膝の悪い母は、トイレまで歩くのが間に合わず床を汚す。ストレスから、思わず手を上げてしまうことがある。「もともと気が短いから、ささいなことですぐいら立って…」と切なげに声を振り絞った。

体も悲鳴を上げた。２０１３年12月のある朝、左半身に力が入らなかった。脳梗塞だった。幸い軽症で、１週間で退院。再び介護の日常に戻った。

「俺がいないと両親はどうなるか」。父は日中、デイサービスに通うが、母は透析の通院が優先で利用できない。今後、徘徊などが始まったら、この生活に耐えられるだろうか。「仕方ないこと」。やるせない思いをにじませ、男性は自身に言い聞かせるように繰り返した。

新潟市中央区の笠原孝さん（63）も介護と仕事で悩んだ一人だ。認知症の母フミさん（93）を介護している。

独身で、父を30年前に亡くした。その後は、母子の2人暮らし。社交的だったフミさんは80代半ばから家にこもりがちになり、急に大声を出したり、泣き出したりするようになった。

仕事の日はデイサービスを使っていたが、フミさんは笠原さんと離れることを嫌がった。ある朝、勤務先に向かう笠原さんに、混乱した様子で「これからどうしたらいいのか」と追いすがってきた。心配で仕事が手に付かず、うつ状態となり、欠勤も増えた。

「会社に迷惑を掛けられない」。57歳の時、事情を話して退職を申し出ると、上司に「退職と言わず休職し、ゆっくり休んだらいい」と説得された。その上司も同じような状況を抱えていたと聞いた。「気遣いがうれしくて、涙で顔がくしゃくしゃになった」

半月ほど休んで、出社。同僚は定時になると帰るよう声を掛けてくれ、定年まで勤め上げることができた。「今があるのは職場のおかげ」と感謝する。

定年退職後は、フミさんの介護に専念する日々。朝起きるとベッド脇のポータブルトイレで用を足させ、おむつを替える。隣のベッドで眠り、夜中に騒ぐとなだめる。

介護をしながら胸をよぎるのは、父を世話するフミさんの背中だ。父も認知症だった。暴れわめく父に寄り添った母。その姿と今の自分を重ね合わせる。

今後も在宅介護を続けるつもりだ。「施設に預ければ話し相手がいなくなり、寂しさが残るから」。母が健康で穏やかに過ごせるよう心を配ることが、生活の張り合いにもなっている。

サ｜ポ｜ー｜ト｜メ｜モ

## 増える男性介護者 孤立防止へ各地で集い

新潟市男女共同参画推進センター「アルザにいがた」の男性介護をテーマにした講座＝新潟市中央区

未婚率の増加やライフスタイルの多様化で、独身者が増えている。特に男性介護者は、周囲から孤立しがちだ。「女性と一緒では参加しにくいだろう」として、自治体や市民団体などが男性を対象にした交流や息抜きの場を開いている。

糸魚川市では毎月１回「介護入門講座」を開催。燕市も2013年度から取り組みを始めた。問い合わせは糸魚川025（553）0733、燕0256（62）4361。

また、認知症の人と家族の会県支部でも、男性介護者の集いを県内各地で開いている。

こうした介護を目的とした講座に抵抗がある人は、まずは情報交換や気分転換のため、男性向けの料理講座や介護予防教室などに参加してみてもいいだろう。

## 子にしわ寄せ切なく
## 時間に追われて余裕無し

もいる。

ただでさえ子育てで大変な時期に、家族の介護が重なり、同時進行の日々を迫られる人

妙高市の女性（33）は、義母（89）の認知症が1年ほど前から悪化した。同居して約10年。それまでは鍋を焦がす程度だったが、持病で入院すると、気力を失ったのか寝たきりに。自宅では目が覚めている間、ベッドの上から、「ママー、ママー」と女性を呼び続ける。

女性と夫（35）の間には小学生の息子2人と幼稚園に通う娘がいる。子育てに集中し、パートに出たり、友人と会ったりするなどもっと自分の時間を持ちたい。そのためにも義母を施設に入所させたいが、親族が「家族が見るべきだ」などと反対する。短期間泊まるショートステイも2013年春から、ようやく利用にこぎ着けた。

「参観日」「下校」など子どもの予定と、義母の「ショート（ステイ）」の文字が並ぶ妙高市の女性宅のカレンダー（画像を一部加工しています）

初めて義母がショートステイに出掛けた日、「いないって、こんなに楽なんだ」と感じて、はっとした。「私はずっといらいらして、怒りっぽかった。子どもも甘えられなかったはず」

一番の苦痛は、何につけ時間に縛られることだ。子どもと医者に行くにも、習い事をさせるにも「この日はショートから帰って来るので迎えなければ」などと、まず義母のことを考えなければいけない。

「本当は子どもを優先したい。いつまでこんな生活が続くのかな。もう、意地でやるしかないんです」。女性の口ぶりは、割り切りにも諦めにも聞こえた。

三条市の女性（39）は母が亡くなったため、8年前に東京から一家3人で、祖母（89）と父親（64）が暮らす実家に戻った。

婿養子の父親はもともと祖母との折り合いが悪かった上、認知症の兆候があった祖母が

「(父親に) お金を盗まれた」と疑ったことなどから関係が悪化。「父に介護をさせるのは無理だ」と、夫(42)と1歳だった娘(8)との帰郷を選んだ。夫は転職。翌年、次女(7)を授かった。祖母は当初、ひ孫を抱いたり食事の後片付けをしたりと、日常生活への支障が少なかったが、症状は次第に進んだ。

14年の正月、トイレに入った祖母がなかなか出てこなかった。女性が見に行くと、便を握り、床も汚していた。慌てて手をつかむと大暴れした。普段は祖母との関わりを避けている父親を大声で呼び、「この手をつかむか、床を拭くかどっちかやってよ」と叫んだ。娘2人は大人のただならぬ様子に、わんわん泣いた。

手がいっぱいのとき、娘たちに祖母の着替えや薬の用意を頼むこともある。「子どもに負担はかけたくない。でも、周りの子に比べて我慢させたり、嫌な思いをさせたりすることは多いでしょうね」。女性は切なそうに語る。

畑仕事が大好きで、働き者だった祖母。幼いころ、一緒にバスで出掛けたのは懐かしい思い出だ。できることはしてあげたい。でも、娘たちにはどう映っているんだろう、と考える。

あるとき、長女が言った。「ママがおばあちゃんになったら、私が面倒を見てあげる」。自分を認めてくれているのかな…。介護の苦労が、少し和らぐ気がした。

サ|ポ|ー|ト|メ|モ

## 有償ボランティア・生活支援
## 困り事あればまず相談

主な有償ボランティア、生活支援サービス

| | |
|---|---|
| ファミリー・サポート・センター（県内各地の同センター） | ■子どもの保育施設への送迎、一時預かり<br>■1時間400～900円（目安。各センターや時間帯などで異なる） |
| やすらぎ支援事業（長岡市） | ■認知症の人の見守り、話し相手、トイレ誘導<br>■1時間100円 |
| 南魚沼なじょもネット（南魚沼市社会福祉協議会） | ■高齢者の買い物、ごみ出し、見守り<br>■30分150円 |
| シニアサポートセンター（上越市） | ■援助が必要な65歳以上の人のごみ出し、買い物、話し相手<br>■1時間500円 |

育児や仕事に介護が重なり、多忙な日々を送る家族も多い。介護保険サービス以外にも、介護する家族が利用できる有償ボランティア制度や、生活をサポートする事業がある。

長岡市は、認知症についての知識のある住民が認知症高齢者の家を訪れて様子を見守ったり、話し相手になったりする「やすらぎ支援事業」を展開する。

育児に手が回らない際に頼れるのは、各地にある「ファミリー・サポート・センター」。子どもの一時預かりなどに応じている。

こうした活動を支えているのは、経験豊富な地域の中高年が中心。いざというときの心強い存在だ。

県社会福祉協議会は「困り事があったら、最寄りの社協や地域包括支援センターに相談してほしい」と呼び掛けている。

## 読者の感想・体験

# 家族会に参加 少し楽に
# 社会の理解、協力が必要

認知症の家族を抱え、介護生活を送る人たちの思いを取り上げた連載「家族と介護　それぞれの形」（２０１４年2月４～12日掲載）に、読者から多くの感想が手紙やファクスで寄せられました。自身の切実な介護体験や、経験を踏まえた介護家族へのアドバイスなどもありました。一部を紹介します。

連載が始まった翌日に届いた手紙は、若年性認知症を発症した夫の介護を十数年にわたって続ける村上市の女性（63）からだった。

夫は最初のころ、ガソリンがなくなるまで車を乗り回したり、他人の家に勝手に入ったりすることがあり、菓子箱や酒を持って謝りに行ったという。周囲には病気であることが理解されず、自身も仕事をやめたが、子どもはまだ中学生だった。「筆に書きつくせない日々を送ってきました」と、書かれていた。

連載「家族と介護」に寄せられた読者の感想や介護体験

認知症で90代の夫を介護して3年になる新潟市東区の女性（75）は自身の体調が優れなかったこともあり、「私も最初のころはいら立ち、怒ってばかりいました。怒るのが一番悪いと知りつつも、気持ちがどうにもならなかった」と振り返った。現在は夫がデイサービスに行く日などにストレス発散をしているとし、「多くの方が大変苦労していると思います。私も『認知症の人と家族の会』を知り、皆さんの話を聞くと、とても参考になります。少しは心が楽になりますよ。あんまり頑張りすぎず、楽しく過ごしませんか」と呼び掛けた。

　上越市の女性は連載を読み、「気持ちがひしひしと伝わってきて、胸いっぱいになりました」という。数年前から母に認知症の症状がみられるといい、母に24時間寄り添っている父を気遣った。「介護中であることを紹介するマークがあることも今回、初めて知りました。介護者と被介護者の方々を理解してあげる周囲、社会の協力も忘れてはならない必要なことではないでしょうか」と結んだ。

新潟市西区の女性は、徘徊がひどかった義母から目が離せない中、家事、パート、農作業などを1人でこなさなければならなかった。そんな生活が続けられなくなり、義母を施設に入れることにしたが、「小さな集落で最低の嫁とうわさされ」つらい思いをした。夫や親戚の心配りで救われたとし、「今、介護で大変な方々、そのうちに必ずゆっくりと静かな時がやってきます。あせらないで」。

91歳の義母を在宅介護しているという長岡市の女性は「毎回拝読し胸が痛み、私より大変な人がいらっしゃるから頑張らなければと思いました」。認知症の進行が遅くなるよう、なるべく着替えなどは自分でやってもらうよう心掛けてきたが、夫が病に倒れ、さらに時間的なゆとりがなくなってしまった。今は1人で外へ出てしまわないよう、出口全部に鍵を付け、着替えも全て女性が管理している。「食事作りは包丁が危険、洗い物も洗い残しが気になるなど、何もさせてあげない状況にかわいそうと思う気持ちと、任せられない状況だから仕方がないと思う気持ちで、毎日心の葛藤です」

「（連載で）男性の介護を取り上げてもらい本当にありがとうございました」と、新潟市秋葉区の男性（86）。15年以上にわたりアルツハイマー型認知症の妻を介護し、12年に見送った。「本当に苦労の連続でした。これは実際に経験した人でないと分かりません。幸いにも私が健康であったので、家事一切をやりながらの介護ができたのです」。一番苦労したのは徘徊で、「私がトイレに入っている間や疲れてうとうとしていると、どこかへ行ってしまうのです」。警察や町内の仲間、親戚にお願いして捜索したことも何度かあったという。それでも末尾には「この苦しい期間は2年ほどでしたが、今では懐かしい思い出になりました」とつづられていた。

# 5

## まさかの時に・・・

### 東日本大震災から3年

２０１１年３月の東日本大震災では、多くの人が避難生活を余儀なくされた。避難者の中には認知症の高齢者もおり、症状が悪化したり、家族が肩身の狭い思いをしたりすることが少なくなかった。避難所から行方不明になり、亡くなる悲劇も起きた。災害というまさかの時、認知症の人を支えるには、どうしたらよいのだろうか。

## リズム崩れ症状悪化
## 散歩に出たまま女性凍死

東日本大震災から半月後の2011年3月28日朝、まだ雪が残る田上町の林道で、認知症の女性（62）が凍死しているのが見つかった。

女性は前日夕、発見現場から約2キロ離れた「YOU・遊ランド」に、福島県富岡町から一家7人で避難してきたばかりだった。原発事故で福島県内を追われるように転々とし、田上町にたどり着いた。入所手続きを終えた後、孫娘（2）ら3人で散歩に出掛けたが、1人だけ戻らなかった。

女性の認知症は長距離移動や集団生活によるストレスで悪化していたという。田上町保健福祉課の渡辺賢課長補佐（44）は「家族は入所の際、保健師に女性が認知症だと告げていた。福祉の支援はこれからだった」と悔やんだ。

富岡町の女性が遺体で発見された林道。赤い上着が目印になったという＝田上町

福島県南相馬市から新潟市西区に避難している門馬てつ子さん（64）も、認知症の義父（89）の症状が「避難生活で悪化してしまった」と残念そうに語る。

それまで義父は、草むしりをするなど活動的で、生活に大きな支障はなかった。しかし、震災直後に4日間過ごした福島県内の避難所では夜間、トイレに起きて、びっしり敷き詰められた布団の中から自分の場所を探して戻れず、他人の布団に潜り込んだ。目をきょろきょろさせて天井を眺め、不安げな表情を見せた。門馬さんは周囲に迷惑を掛けないよう、日がな義父に目を配った。

知人が用意してくれた柏崎市の一軒家に身を寄せた後も、義父の症状は安定せず、むしろ家族の頭をたたいたり、髪の毛を引っ張ったりと暴力的になった。その後、新潟市に移ったが、次第に気力を失い、今はほぼ寝たきりの状態で施設に入所している。

避難生活で認知症が悪化した人は少なくない。認知症治療に詳しい新潟市中央区の総合リハビリテーションセンター・みどり病院の成瀬聡院長（53）は「認知症の人は環境の変化が苦手。避難生活で精神的に不安定になってしまう」と説明する。もともと空間を認識する機能が落ちており、見知らぬ土地では特に、思いも寄らない場所で道に迷うことも懸念されるという。

これらを防ぐには、可能な限り被災前の生活に近づけ、本人を落ち着かせるのが理想とされる。ただ、成瀬院長は「家族は自分たちも疲弊している中で、できる限りのことをしている。認知症の人が避難生活になじむのは、現実的には非常に難しい」と話す。

# 不安和らげる場所に家族支える周囲の理解

「認知症の母は避難途中で、私が息子だということが分からなくなりました」。東日本大震災から約1週間後、福島県南相馬市から長岡市に自家用車で2日間かけて避難してきた遠藤和男さん（57）は、当時を切なそうに振り返る。

母の財子《さいこ》さん（86）は要介護5。南相馬市の病院に入院していた。原発事故を受け屋内退避の指示が出たため、弟の昇男《のりお》さん（53）と共に母を連れて本県に避難することを決意した。

母はなぜ長い間、車に乗っていなければならないかが理解できない。夜になり、懐中電灯を頼りに和男さんがおむつを替えようとした時は、体をこわばらせて「この暴漢が！」と叫んだ。一気に症状が悪化してしまい、うろたえた。

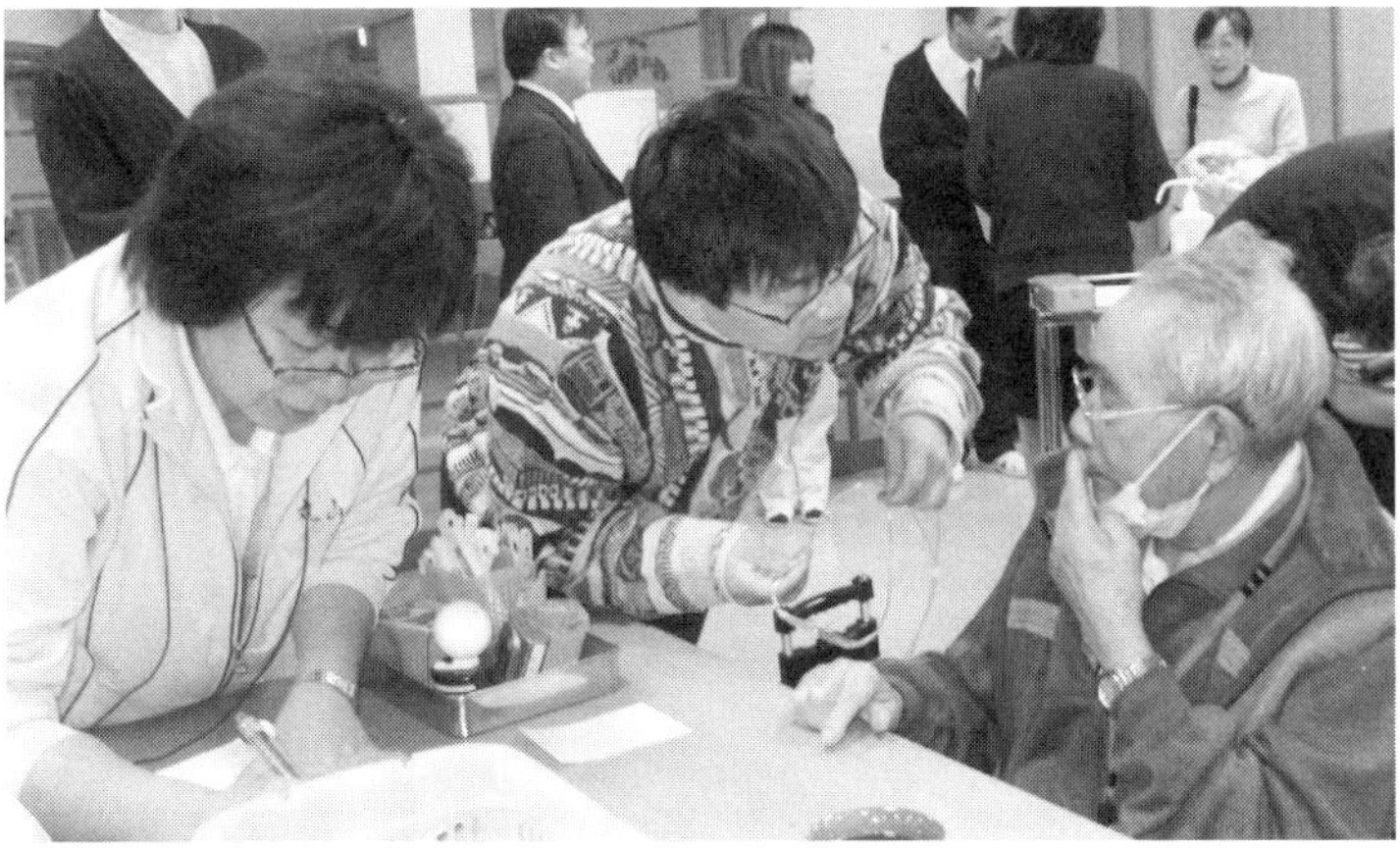

本県の介護施設に避難してきた福島県の高齢者（右）。スタッフは安心してもらえるような対応を心掛けた＝2011年３月21日、長岡市の特別養護老人ホーム「縄文の杜関原」

認知症の高齢者は見知らぬ場所では混乱しやすい。なぜここにいるのか説明しても、すぐ忘れてしまう。ストレスや疲労が加わると、妄想や暴言といった周辺症状が出やすくなる。被災した家族も精神的に参っているため、時にはあつれきが生じる。

震災前は同居していなかった認知症の親らを連れ、本県に避難してきた家族は多く、介護に苦しむ姿があった。「だからこそ、周りの人たちが理解し、見守るという支えが必要になるんです」。当時、新潟市西区の避難所で被災者に接した新潟市保健所の保健師石川玲子さん（56）は指摘する。

長岡市の社会福祉法人「長岡三古老人福祉会」では、福島県浪江町などの介護老人保健施設から入居者約120人を受け入れた。同法人で災害対応を担った冨田幸二さん（41）は「認知症のお年寄りに、ここは安心できる場所だということを分かってもらえるよう、最大限配慮しました」。

入所者が避難してきたのは、震災から約10日後だった。要介護度の平均は4で、長距離の移動で症状が悪化したとみられる認知症の人も多くいた。到着後、スタッフが温かいお茶を出し、優しく声を掛けると、不安そうな表情が和らいだという。

同法人では、災害時の緊急対応として、定員を超えて特別養護老人ホームなど9施設に受け入れた。中越地震や7・13水害の際の経験を生かした。

個室の入居者には相部屋を依頼したが皆、「お互いさま」と快諾してくれた。「その気持ちが相手に伝わったことが、一番の安心につながったのだと思います」。冨田さんはしみじみと語った。

## 近所同士 絆深め避難
## 必要な助け合う仕組み

地震や水害などの災害が起きた際、周囲の状況を把握できない認知症の高齢者をどう守るか—。「日頃から住民が認知症について理解し、いざという時の支え方を想定することが大切です」。認知症介護研究・研修仙台センター（仙台市）の主任研修研究員、矢吹知之さん（42）は指摘する。

同センターでは２０１３年春、東日本大震災発生時に福島、宮城、岩手３県の避難所で対応に当たった保健師やケアマネジャーらへのアンケート調査を踏まえ、本人や家族らを支援するためのガイドをまとめた。

ガイドでは「認知症の人は周囲の理解があれば避難所にいられる」として、①驚かせない②急がせない③自尊心を傷つけない④介護者へも声がけを—と呼び掛ける。ただ、普段からの心構えがなければ、こうした対応を取るのは難しい。「認知症の人が安心して避難所で生活できる条件は」の問いに対しては、「住民の理解・協力」との回答が最も多かった。

一刻を争う非常時に、住民同士で助け合おうと、話し合いを重ねている自治会がある。新潟市西区の「寺尾新町第一自治会」。約５４０世帯、１２３８人の住民がいる。13年春、住民が互いに情報を持ち寄り、町内のどこに認知症のお年寄りが暮らしているかなどを一覧にした「地域支え合いマップ」を作った。「町内は高齢化が進んでいる。いざに備え、助け合う仕組みが必要だと考えました」と、自治会長の前田信一さん（72）。

支え合いマップなどを基に、避難時の行動も定めた。自治会の避難先となっている中学校へ向かう前に、近所同士で近くの駐車場に集まるといった内容だ。自治会防災部長の米岡幹男さん（71）は「できるだけ家族・近所単位で動く。お年寄りの安心のためには、顔見知りの関係であることが大切です」と言う。

認知症介護研究・研修仙台センターの矢吹さんも、ご近所さん単位でまとまるのは重要とし、「東日本大震災では、お年寄りが指定の避難所にまで行けずに、支援が届かないケースがあった。このように動けば、支援の手が届きやすくなる」と語る。

日頃の理解を深めようと開かれた「認知症サポーター養成講座」＝新潟市中央区

住民が認知症について理解を深める手だての一つとして、国が推進する「認知症サポーター養成講座」がある。新潟市中央区で先ごろ開かれた講座には、幅広い世代の姿があった。同市東区の男性会社員（36）は「地域で自分は何ができるのかを学ぼうと受講しました」と話していた。

高齢化がいっそう進むと、災害時に支援が必要な認知症の高齢者はさらに増える。前田会長は「普段から地域のつながりを密にしていれば、何があっても安心して暮らせる。そう信じています」と力を込めた。

# 6

# 若年性認知症と歩む

若年性認知症になった自身について、インターネットのブログを使って発信している男性がいる。見附市の高橋喜治さん（53）。ブログは「混沌《こんとん》からの光明―変わっていく私の記録と、存在…今を…」と題され、病名を告知された時の衝撃や、自身の尋常ではない行動を後で知り、ショックを受けたことなどが包み隠さず記されている。「苦しんでいる人や介護する家族の参考になれば」と話す高橋さんのこれまでの日々を、ブログとともに紹介する。（網掛けのブログ部分は一部を省略したり、補足したりしています）

## 病院転々、診断に絶望感「正気に戻ると泣けてくる」

2008年7月7日　頭の中が真っ白になり、妻は泣いていた。俺も泣きたかった。死にたかった。耐えがたかった。残酷だった。悔しかった。

47歳の時、高橋さんは若年性認知症と診断された。病名を宣告された日、絶望感に打ちひしがれた様子がありありと伝わってくる。

もちろん当日冷静に、心情を書き残せたわけではない。若年性認知症を受け入れるまでに約3カ月かかった。その後通い始めたデイサービス施設で職員に勧められ、「過去にさかのぼって、記録に残そう」という気持ちになった。

記憶がすっぽりと抜け落ちている部分も多い。妻（57）の日記から、高橋さんの行動や言葉を抜き出してもらい、自身の思いを付け加えた。入力は施設の職員に頼んでいる。

高橋さんは食品会社のトラック運転手だった。03年に急性心筋梗塞を患ったが、その後は特に不調もなく、全国を飛び回っていた。

そんな生活が一変したのは、07年の年明け。仕事中に転倒して左足の肉離れを起こした。その後、体のあちこちに異変が生じた。

## 2月初め。胸の圧迫感と吐き気で病院に行くが原因が分からない。

頭痛、目まい、声が出ない、耳が聞こえない…。さまざまな不調に悩まされ、何の前触れもなく、突然その場に倒れてしまうこともあった。心療内科、耳鼻科、整骨院などに通ったが、胃炎、パニック障害、うつ病、失声症、突発性難聴、てんかんと、時々で異なる診断をされた。

言い知れない不安感は増すばかりだった。

ブログを入力してもらう高橋喜治さん（右）。デイサービスの職員に口頭で伝え、打ってもらう＝見附市新幸町の高齢者福祉施設「フローラ」

08年5月10日　どうなっているのだろう。俺自身も分からない。
6月22日　頭がぼーっとしている。何か変だ。

運転手として、荷物を届け損なうことは幸いにしてなかったが、仕事先から帰る途中、家までの道が分からなくなることが増えた。事故も起こした。入退院を繰り返したため退社せざるを得なくなり、個人で仕事を請け負うようになった。

こうした状況が1年半ほど続いた08年6月。近くに住む妻の母に「やっぱりおかしい」と、他の病院を受診するよう勧められた。妻は「私は医者の診断を疑わなかったけど、母はいつまでも病状が改善しないので違和感があったみたい」と振り返る。翌月、新しい病院に行ったところ、神経内科に回され、脳の検査を受けた。若年性認知症だと分かった。

「認知症は年寄りの病気だと思っていた。ショックなんてものでない。まさか自分が、と、不安で仕方なかった」。高橋さんは当時の気持ちを顧みる。

診断後、一気に症状が悪化した。徘徊に失禁。妻の顔も分からなくなった。アイスクリームをフライパンに入れ、火を通そうとした。夜中、置物の小さな麦わら帽子をかぶり、鏡にぶつぶつと話し掛けた。感情の起伏が激しくなり、妻に掃除機を投げつけた。

## 7月11日　正気に戻ると泣けて仕方ない。

われに返って、自身の行動にがくぜんとする。この繰り返しだった。

郵便はがき

料金受取人払郵便

新潟中央局
承　　認

4439

差出有効期間
平成28年8月
31日まで
（切手不要）

950-8762

967

新潟市中央区万代3-1-1
新潟日報メディアシップ14F

新潟日報事業社
トータルメディア出版担当 行

**アンケート記入のお願い**

このはがきでいただいたご住所やお名前などは，小社情報をご案内する目的でのみ使用いたします。小社情報等が不要なお客様はご記入いただく必要はありません。

| | | |
|---|---|---|
| お名前《フリガナ》 | | □男 □女 （　　歳） |
| ご住所 | 〒<br>TEL.（　　　）　　－ | |
| Eメールアドレス | | |
| ご職業 | 1. 会社員　2. 自営業　3. 公務員　4. 学生<br>5. その他（　　　） | |

●ご購読ありがとうございました。今後の参考にさせていただきますので、下記の項目についてお知らせください。

| ご購入の書名 | |
|---|---|

〈本書についてのご意見、ご感想や今後、出版を希望されるテーマや著者をお聞かせください〉

ご感想などを広告やホームページなどに匿名で掲載させていただいてもよろしいですか。（はい　いいえ）

〈本書を何で知りましたか〉番号を○で囲んで下さい。

1.新聞広告（　　　　新聞）2.書店の店頭
3.雑誌・広告　4.出版目録　5.新聞雑誌の書評（書名　　　　）
6.セミナー・研修　7.インターネット　8.その他（　　　　）

〈お買い上げの書店名〉　　　市区町村　　　書店

■ご注文について
小社書籍はお近くの書店、NIC新潟日報販売店でお求めください。店頭にない場合はご注文いただくか、お急ぎの場合は代金引換サービスでお送りいたします。
【新潟日報事業社 出版販売】電話 025-383-8020　FAX 025-383-8028

新潟日報事業社ホームページ　URL http://nnj-book.jp

## 若年性認知症

18歳以上65歳未満で発症する認知症の総称。２００９年の厚生労働省調査では患者は全国で3万７８００人、県内では約６６０人と推計される。疾患別では「脳血管性認知症」「アルツハイマー型認知症」などがある。

高橋喜治さんは「前頭側頭型認知症」で、アルツハイマー型などに比べて記憶障害が比較的軽いが、①言語障害が出やすい②人によっては万引きなどの反社会的な行為をしてしまう③同じ行動や言葉を繰り返す──などの特徴がある。

## 危機を救った返済免除
## 「妻に『今幸せ』と言いたい」

「私たち、死ぬしかありません」。２００８年夏、認知症の人と家族の会県支部代表の金子裕美子さん（62）＝糸魚川市＝は、受話器越しの悲痛な声に言葉を失った。

電話をかけてきたのは、その1カ月ほど前に若年性認知症と診断された高橋喜治さん（53）＝見附市＝の妻（57）だった。高橋さんは主治医から運転を止められ、トラック運転手の仕事が続けられなくなっていた。約１８００万円の住宅ローンが残り、妻のパート収入では返済できそうもなかった。

**08年7月14日　この窓開けられないかな、と死ぬことを考えた。**

診断後、高橋さんは精密検査のため入院した。意識がはっきりすると、死が頭をよぎった。金子代表は妻を励まし、「認知症でローンの支払いが免除される場合もある。まずは銀行に相談を」と伝えた。銀行に問い合わせたところ、条件が合い、免除が認められた。妻は「返済できないことで頭がいっぱいで、相談なんて考えもしなかった。あのアドバイスのおかげで、私たちは今、生きていられる」と感謝する。

住宅ローンにめどが立ったことで、夫婦は先のことを少し考えられるようになった。

08年9月19日　介護施設を利用する気にやっとなった。前まで年寄りばかりの所に行くものかと思っていたが。

高橋さんは見附市の高齢者福祉施設「フローラ」のデイサービスを使うことにした。利用者の大半は70代以上で、親のような世代だ。「それでも職員が若い。俺は職員と一緒にいればいいいって気持ちを切り替えたんだ」と笑う。

フローラでは、高橋さんは初めての若年性認知症患者だった。担当係長の黒沢雅子さん（49）は「（他の利用者より）若い人への接し方が分からず、当初は戸惑った」と明かす。

デイサービスの職員にホワイトデーのお返しを渡す高橋喜治さん（右）。職員との会話を楽しみに通っている＝見附市新幸町の高齢者福祉施設「フローラ」

受け入れに当たり、主治医を訪ね、ケアマネジャーらと対応を話し合った。結論は「本人のやりたいように、やってもらおう」。こうした姿勢が、闘病の記録をブログに残すという高橋さんの前向きな気持ちを引き出した。

08年10月6日、もっと若年性認知症を知ってもらいたい。今後どうなって行くのか不安の毎日です。仕事もしたいです。こんな俺になってしまって…。でも、時々しか名前も思い出せない妻に、「俺は今幸せだよ」と言いたい。

闘病のブログはここで中断し、5年を経て13年10月に復活した。職員に「ラーメン好きだから、書いてみんなに見てもらったら」と勧められ、再開したブログでは自身が食べたラーメン店を紹介している。

介護度は最も重い時で要介護3だったが、現在は要介護1と判定されている。「デイに通い、体調も安定したら、特に書くことがなくなって」。ブログの内容変更について、高橋さんは頭をかく。

とはいえ、認知症の症状が消えたわけではない。13年は10回ほど夜中に徘徊し、家に帰れなくなった。感情の起伏があり、声が出なくなっていら立ち、ノートパソコンを力任せに折ってしまったことも。

認知症と診断されてから、車庫入れに妻が手間取った時以外はハンドルを握っていない。「ずっと運転してきたから、もういいやって」。復活したブログの書き出しもこんなふうだ。

13年10月1日、トラック運転手時代、北海道と沖縄以外の県で地元の人がおいしいと言ったラーメン屋さんはほとんど食べました。でもみんな忘れてしまいました。今は妻と友だちが連れて行ってくれるところから書き始めました。見てください！

「若年性認知症になっても普通に生活できることを多くの人に知ってほしい」と高橋さん。だから、これからもブログを更新していこうと思っている。

# 7

# 介護の選択肢

## 県内施設の現在

増え続ける認知症の高齢者の暮らしをどう支えていくか。国は「介護・医療・予防・生活支援・住まい」の五つのサービスを一体的に提供する「地域包括ケアシステム」と呼ばれる仕組みを、団塊の世代が75歳以上になる2025年までに全国に構築したいとする。介護施設は重要な一角を担っている。県内介護施設の近年の傾向などを紹介しながら、その在り方を考える。

## 老健

# 在宅復帰へリハビリ
# 長期入所し特養待つ人も

テーブルの上には、色とりどりの端切れ。慣れた手つきで丁寧に縫い合わせていく女性に、「お上手ですねー」と職員が声を掛ける。

上越市にある介護老人保健施設（老健）「高田の郷《さと》」は、約90人が入所している。認知症の人が半数を超す。老健では専門職が指導し、リハビリを行うのが大きな特徴だ。パッチワークもその一つで、手先を動かし、見た目の美しさから視覚的な刺激も得られる。「認知症の場合、脳や五感を刺激することがリハビリになります」。同施設の作業療法士、高橋智美さん（36）は説明する。

老健は本来、入院している医療施設から自宅へ戻るための「中間施設」として位置付けられ、1988年に制度化された。県内でも認知症の専門科がある病院をはじめ医療法人

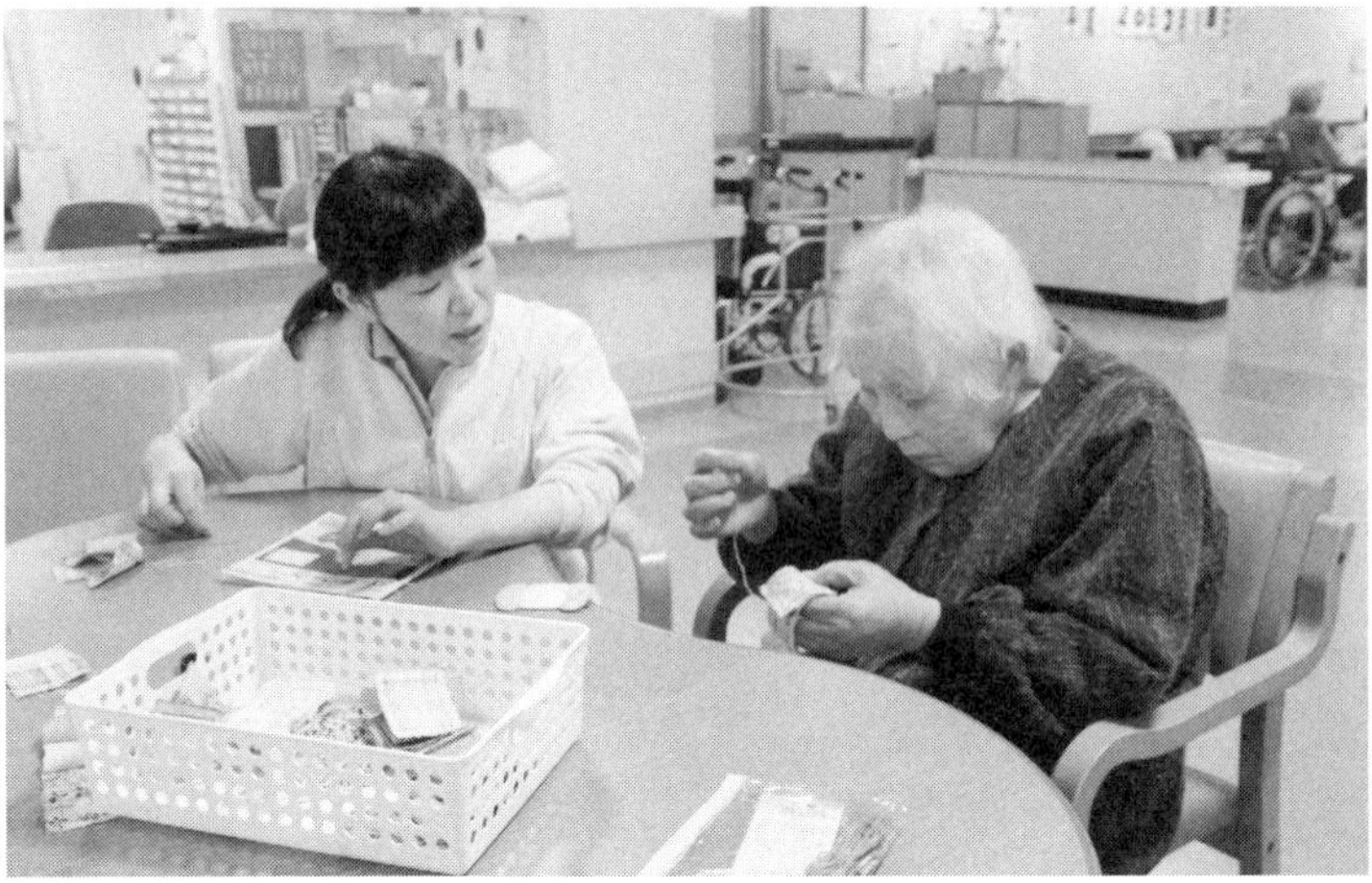

リハビリの一環で、慣れた手つきでパッチワークを作っていく女性＝上越市の介護老人保健施設「高田の郷」

が母体となって開設しているケースが多い。介護保険制度が始まった２０００年には県内で75施設だったが、14年3月現在は１０４施設に増えている。

対象は主に脳卒中や骨折などで入院し、退院後すぐに自宅で介護を受けることが難しいお年寄りだ。入居中はケアプランが立てられ、おおむね３カ月を目安に在宅復帰を目指す。施設には介護や看護職員、作業療法士などの専門職がおり、チームでケアをする。

国は高齢社会の進行を背景に在宅介護を推進しており、「病院」と「自宅」をつなぐ老健の役割はいっそう増すとみられる。一方では、入所希望者が多い特別養護老人ホームの「待機の場」にもなっている現実もある。「３

カ月ごとに老健を渡り歩いたり、リハビリ施設であることが形骸化し長期入所したりの人も多い」と福祉関係者は指摘する。

理由の一つに挙げられるのが、家族による認知症介護の限界だ。「介護から数カ月離れると、家族はその生活に慣れてしまう」と同施設の井沢俊彦事務長（56）。「だからこそ、入所者が自宅に戻るために、家族の支援に力を入れています」

認知症の場合、家族が問題行動に対処する工夫などを学ぶことで、介護負担は軽減される。家族支援は老健の重要な役割と定められている。

高田の郷を運営する「上越老人福祉協会」の川室優理事長（68）は「リハビリをすれば、認知症の症状は安定します」と語る。川室理事長は同施設の嘱託医でもあり、さまざまな認知症のお年寄りや家族と接してきた。「施設にはさまざまな専門職がいて、知識もたくさんある。安心して在宅生活を送るためには、老健をはじめとする施設を上手に活用してほしい」と訴える。

**介護老人保健施設**≫　病状が安定した要介護者が対象。施設が判定会議を開き、リハビリの必要性などを考えて入所を決定する。利用者負担は、要介護度に応じた介護サービス費の1割のほか、食費や居住費などの実費。一般的に特別養護老人ホームより割高となり、要介護度3の場合は、2人部屋を利用すると月額13万円程度となる。

## 小規模多機能型

# 複数サービス 柔軟に
# 定額制経営面で厳しさも

近年、「小規模多機能型」と呼ばれる介護施設が増えている。デイサービスの「通い」を中心に、短期間施設に宿泊する「泊まり」、自宅にヘルパーが来る「訪問」を組み合わせることができる施設だ。1カ所で、複数の介護保険サービスを利用できる点が大きな特徴となっている。

利用者の体調変化などに応じて、同じ顔ぶれの職員が柔軟に対応することができる。このため、特に1人暮らしや中軽度の認知症のお年寄りに向いているといわれる。介護保険の制度改正で2006年に登場した。

新潟市中央区の昔ながらの家並みが広がる下町《しもまち》地区。小規模多機能型施設「日和庵」は11年4月に開所した。小規模多機能型は定員が25人までと決められており、14年3月現在

21人が登録。軽度を含めると利用者の大半が認知症だ。

少人数のため、家族のような雰囲気に自然となる。会話や感情も生まれやすく、認知症のお年寄りにとっては症状の安定にもつながる。

「新緑の匂いがするねえ」「うちは、ここから歩いてすぐだ」。午後の散歩中も「通い」の利用者同士、話が弾む。「ここではすぐに気の合う人ができた。だから、施設に来るのが楽しいこて」。シルバーカーを押しながら歩いていた女性（82）は、ほほ笑んだ。

慣れ親しんだ場所を散策する小規模多機能型施設「日和庵」の利用者＝新潟市中央区

小規模多機能型について、国は自宅の近くで利用できるよう、おおむね中学校区に一つの設置を目指している。利用者や家族にとって、サービスを1カ所で賄えることから、在宅介護を支える重要な施設と位置づけている。県内では小規模多機能型がスタートした06年4月のわずか3施設から、147施設に増加した。

「日々のお年寄りの生活をどのように支えるか。小規模の場合、訪問介護を通じて自宅での暮らしぶりがよく分かるため、より効果的なケアができます」。日和庵の施設長、成田洋子さん（40）は強調する。

例えば認知症のお年寄りは薬の管理が苦手だ。飲み忘れたり、間違って捨ててしまったりすることがある。「施設から自宅に帰るときに小分けしたものを渡すなど、それぞれの人に合わせた工夫をしています」と、同施設の看護師、野沢大輔さん（30）。

小規模多機能型のもう一つの特徴は、定額制という点だ。要介護度別に支払う額が決められており、どれだけサービスを使うかは制度上、限度がない。利用者にとっては利便性が高い一方、施設側にとっては経営的に厳しいという側面もある。

11年度の県の調査では、黒字となっている小規模多機能型の事業所は全体の4割に満たなかった。「利用者主体のケアを考えると、どんどん費用がかさむ。体力のある経営主体でないところは、半ばボランティアに近い」。新潟市内のある関係者はそう嘆いた。

## 小規模多機能型施設 ≫

施設に直接登録して利用する。登録中は、他の介護保険サービスは基本的に利用できない。要介護の人のほか、介護予防のために要支援の人も利用できる。固定的な少人数制であることから、サービスが低下しないよう、外部評価が義務付けられている。要介護2の場合、1割負担で月額約1万6千円。食費や宿泊費などは実費。

特養

# 小規模 地域密着型も入所待ちが2万人に迫る

お昼時、弥彦村の特別養護老人ホーム（特養）「桜井の里」では、入所者が各自のペースで食事を楽しんでいた。

「施設への入居といっても生活の場が移っただけ。普段の暮らしに近づけるようにしている」と、ホームを運営する社会福祉法人「桜井の里福祉会」の総合施設長、佐々木勝則さん（56）。認知症のお年寄りを含め、60代から90代の70人が入所し、平均介護度は3・9だ。

特養は常時介護が必要で、自宅での生活が難しい人が対象。食事や排せつの介助など24時間手厚い介護が受けられる。〝ついのすみか〟として、みとりも行われている。

県内の特養数は2014年3月1日時点で239。行政も施設整備を進めているが、入所希望者の増加に追い付かない状況が続く。入所を申し込んでいる人が県内でも13年10月

小規模な地域密着型の特別養護老人ホーム「はな広場・しまかみ」の個室で過ごすお年寄り。家族や職員とのおしゃべりを楽しむ＝燕市

時点で1万9369人おり、09年の前回調査より約1300人増加。収入が国民年金だけの人でも何とか手が届くことや、将来への不安から希望する人がいることも背景にある。

ただ、入所は申し込み順ではなく、各施設の検討委員会で決める。要介護度や家族の状況などを点数化し、優先順位が付けられる。昼夜逆転や徘徊など認知症特有の症状が重い人や、1人暮らしの人は点数が高くなる。

長岡市の女性（51）は、新潟市で暮らす両親の入所を3カ所に申し込んだ際、「何百人も待っている」と告げられた。父は要介護3、母は要介護1で、ともに認知症。現在は小規模多機能型施設を使い、自宅で2人暮らしを続ける。女性は「何かあったら不安」と語る。

特養の定員は30人以上となっているが、06年の制度改正で、「地域密着型」と呼ばれる定員29人以下の小規模な特養も可能になった。施設のある市町村の住民が入所できる。また、大部屋が一般的だったかつての特養に比べ、最近では住まいに近い雰囲気の中で暮らしてもらおうと、少人数単位でリビングや浴室を設け、部屋は個室の「ユニット型」と呼ばれる施設が主流となっている。

桜井の里福祉会でも11年に、燕市分水地区に地域密着型の「はな広場・しまかみ」を開設した。施設長の川村小津江さん(57)は「自宅と近いので家族が訪れやすいのが小規模の良さです」と話す。

政府は施設入所から在宅介護への移行を促しており、15年度からは特養への入所を原則、要介護3以上に限定する方針。認知症の人は介護度が低くても入所対象になるとはしている。川村さんは「認知症の人の場合、自分で歩ける人は介護度が低く判定されがち。介護度が低い人の方が、徘徊などがあり、家族は疲弊する。介護度で制限しない方がいいのですが」と懸念をのぞかせる。

**特別養護老人ホーム**≫　要介護認定を受けた人が入居できる介護保険施設。介護職員や看護師らが入浴や排せつ、食事介助などの日常生活の世話、機能訓練、健康管理などを行う。介護保険サービスの1割負担のほか、食費と家賃が実費負担となるが、本人の所得によって減額される制度になっている。入所に伴って住民票を施設に移し、家族収入とは別にすることも一般的となっている。要介護4の場合、個室中心の「ユニット型」を利用すると月額料金は月額6万円から13万円程度。

介護療養型

## 病院で診る〝安心感〟
## 国廃止方針に不安の声も

「お具合はどうですか」。看護師がベッドで横になっているお年寄りに声を掛けた。十日町市の外れにある上村病院の「介護療養型」病棟。病室の脇にある休憩スペースでは、数人が介護士と指体操をしながら、和気あいあいと過ごしていた。

一般病棟と違って、看護師とともに介護士がケアをするのが特徴。病院でありながら介護保険が適用され、「介護療養型医療施設」と呼ばれる。

病状は落ち着いているものの、気管切開や胃ろうなどで長期的な医療ケアが必要な高齢者が対象。上村病院では、脳出血などの手術で一般病棟に入院し、病状が安定すると介護療養型に転院してくる場合が多い。介護度の平均は4・3と高く、平均年齢も90歳近い。ほとんどの人に認知症の症状がある。

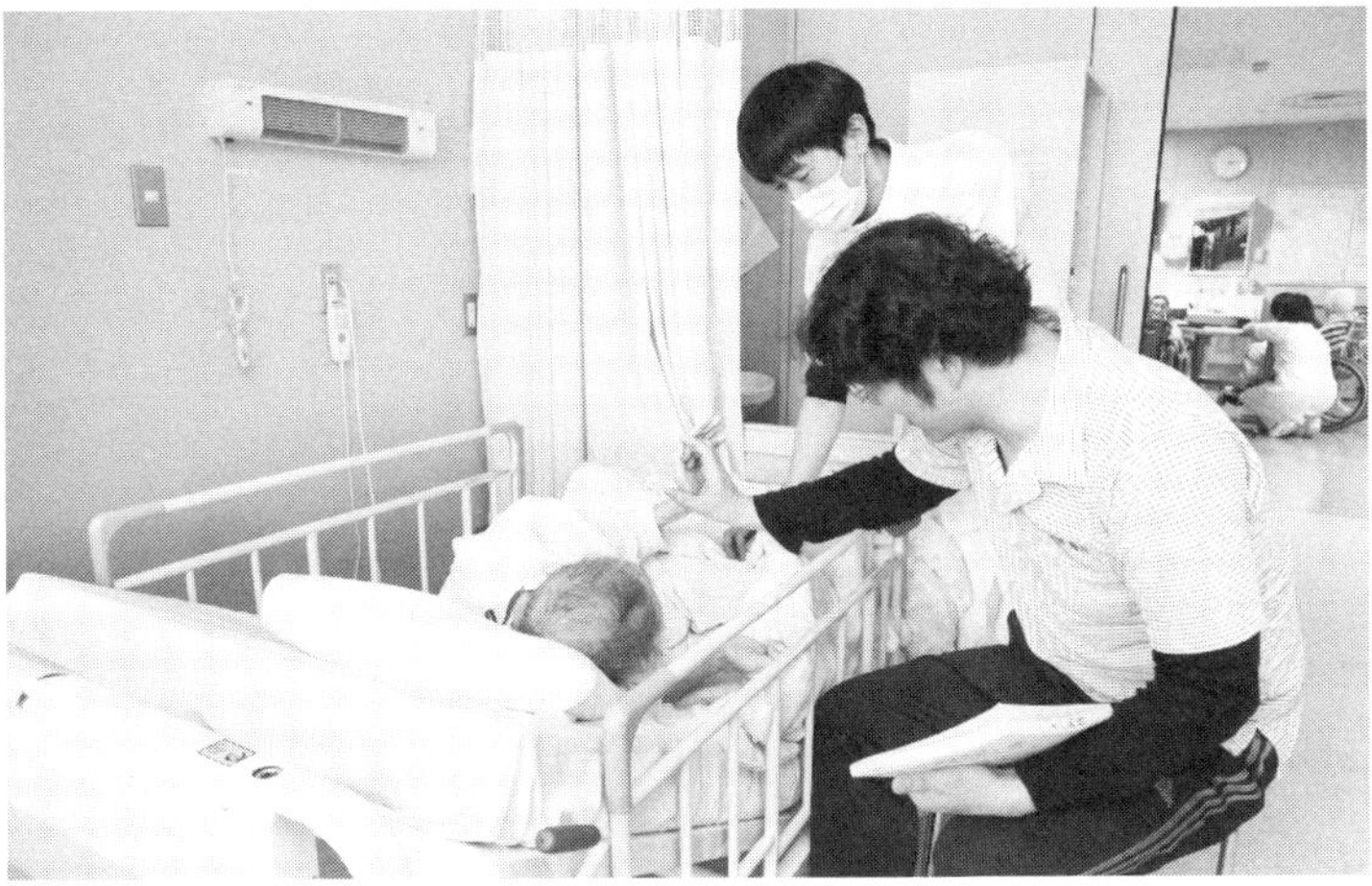

介護療養型医療施設では、看護師と介護士がチームを組んでケアをする＝十日町市の上村病院

「介護療養型は医療と介護の両面からケアをしますので、看護師も介護研修を受けるなどスキルアップに努めています」。同病院の看護師長、富井里美さん（54）は説明する。

病棟で忙しく動き回る看護師に対し、認知症のお年寄りは繰り返し同じことを言うことが多々ある。「忙しいからと決して話を遮らず、ゆっくり話を聞くように心掛けています」と富井さん。特別養護老人ホーム（特養）など介護現場での対応を学び、日々に生かしている。

介護療養型医療施設について国は、2018年3月末までに廃止する方針とした際、理由の一つに、特養や介護老人保健施設（老健）など他の介護保険施設と比べ、コストが掛かることを挙げた。県内の介護療養型は10年前の04年3月末時点で54カ所あったが、14年3月末では28カ所とほぼ半減。国は介護療養型を備えた病院や診療所は、老健などの介護施設や、医療保険が適用される病床などに転換するよう促している。

介護施設が少ない山あいの地域などでは長年にわたり、医療機関である病院が福祉の機能を担ってきた側面がある。1950年に開院した上村病院も同様だ。上村斉病院長(45)は「当初から、病気を診るだけではなく、住民の暮らし全般を考え、医療・介護を通じたサポートをしてきた」と語る。

介護療養型は、医師や看護師のスタッフがそろう「病院」という安心感があるためか、家族からは「特養などの施設では、病態が突然悪化したときに不安がある。そのために病院を選んだ」といった声もよく聞かれる。

県内の福祉関係者は「お年寄りの状態によって暮らす場所を変えずに、本来は同じ所で過ごせるのが一番」と介護療養型が果たしてきた役割を認めた上で、「団塊の世代が高齢化していく中、医療や介護の資源には限りがある。今後、それらをどう使いこなしていくか、今は役割を見直す過渡期にある」と指摘する。

## 介護療養型医療施設 》

手術などの急性期治療が一段落し、長期療養が必要な人が対象。ケアは他の介護福祉施設よりも、医療サービスに重点が置かれる。長期にわたって入院させるのではなく、在宅復帰を視野に入れるよう定められている。医療の比重が高いため、特別養護老人ホームや介護老人保健施設と比べると利用者負担が大きい。介護サービスの1割負担のほか、居住費などは実費となる。相部屋で月額13万円、個室で同26万円程度。

## ケアハウス

# 低額料金で生活支援
# 重度になると対応難しく

マンションのような外観。入り口には入居者一人一人の郵便受けが並ぶ。新潟市東区のケアハウス「サンライフ中野山」に5年ほど暮らしている吉田愛子さん（84）は「食事が出るし、職員さんの見守りもあるから安心なの」と笑顔を見せた。

ケアハウスは老人福祉法に基づく軽費老人ホームの一つ。低額な料金で安心した生活を送ることを目的に１９８９年に創設された。主に社会福祉法人などが運営する。職員が24時間常駐し、見守りや相談などに当たる。

身の回り程度の日常生活はできるが、身体機能の低下があり、自宅で暮らすには不安がある60歳以上が対象。食事の提供や共同浴場があり、高齢者が暮らす〝下宿〟のようなイメージだ。入居自体が介護保険サービスの対象となる施設ではないが、家族の支援が得ら

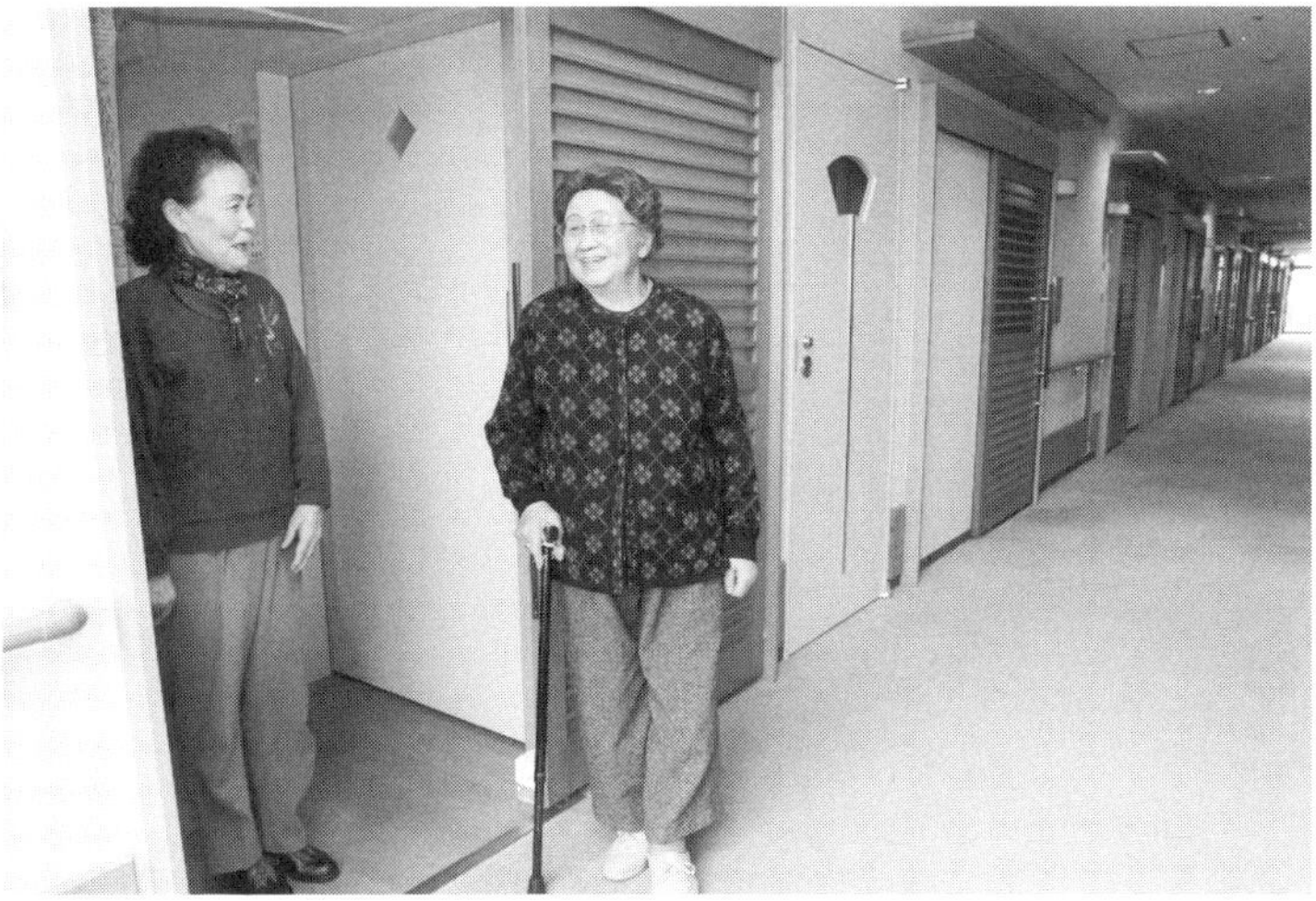
個室の入り口で話をするケアハウス「サンライフ中野山」の入居者＝新潟市東区

れない人の重要な受け皿となってきた。

ケアハウスに住みながら、ホームヘルプなどの介護保険の在宅サービスを使うことは可能だ。80代の人が多いサンライフ中野山では、定員50人の半数以上がサービスを利用している。同施設の生活指導員小鍛治就也さん(40)は「軽い認知症の人には、食事の時間になったら声を掛けるなどの見守りをしています」と話す。

年齢とともに、認知症の症状が出てくる人もいる。ケアハウスは高齢者の住まいの選択肢の一つだが、徘徊などの周辺症状が出てくると、対応は難しくなる。常駐する職員は介護することができないためだ。重度になると、住み続けることができなくなる。

「安心した暮らしを考えると、次の段階の施設として、常に介護を受けられるグループホームや介護老人保健施設などに移るケースが多い」と県介護支援専門員協会の桜井馨さん（47）。実際、サンライフ中野山でもグループホームに移った人がいる。ただ、これらの施設の費用は、ケアハウスより一般的に高いため、住み替えが難しい場合が出てくる。

介護保険制度では、職員の配置や設備の基準を満たし、「特定施設」の指定を県から受けたケアハウスでは、常時介護が必要になっても住み続けることができる。しかし、県内に２０１４年３月現在あるケアハウス59カ所のうち、特定施設は７カ所にとどまる。人員などの面で経費がかさむためだ。

高齢化社会を背景に、近年は有料老人ホームやサービス付き高齢者向け住宅など、民間業者による高齢者向け住まいも増えている。ただ、桜井さんは「自宅で暮らせない人の場合、介護サービスが一体となった施設が望ましいが、軽度な認知症の人には選択肢が少ないのが現実です」と指摘する。

## ケアハウス

家庭や住宅の事情により自宅で暮らすことが難しい60歳以上の人が対象。1人暮らしの人だけでなく、夫婦での入居もできる。そのため個室のほかに、2人用の部屋を設けている施設もある。施設によっては、入居の際に一時金が必要になる。食費と家賃や人件費などを含めた入居費は収入によって異なるが、6万円から11万円程度。月額料金のほか、個室で使った光熱費や電話代などは実費となる。

## グループホーム

# 自宅に似た環境提供
# 地元で入居、住民と交流

認知症の高齢者が少人数で共同生活を送るグループホーム。自宅に似た環境で過ごせるようにと、民家のような造りの施設も多い。NPO法人友生会が運営する新潟市秋葉区の「グループホーム風見鶏」では昼下がり、女性入居者が日課という洗濯物を干していた。

風見鶏では、本人たちのそれまでの習慣や、家事を担っていたといった役割を大切にしている。「入居前、家族に本人の得意なことや性格などを書いてもらっている」とホーム長の西沢和子さん（48）。利用者の不安が和らぎ、穏やかな生活につながるという。

グループホームは、「介護の社会化」を目指した2000年の介護保険制度スタートと同時に、介護保険が適用となった。定員は5人から9人と小規模で、施設のスタッフからきめ細かで家庭的な介護を受けられる。

「グループホーム風見鶏」で暮らすお年寄り。職員と家族のように過ごす＝新潟市秋葉区

風見鶏は03年にオープンし、82歳から98歳までの9人が暮らす。入居者の平均介護度は3・6。認知症が進行しても住み続けることができ、10年ほど住んでいる人もいる。

グループホームは06年度から、介護保険の「地域密着型」に位置付けられ、施設のある市町村以外の住民は入居できなくなった。西沢さんは「地元の住民は入の人ばかりなので、昔の駅前商店街はこうだったなど、利用者同士の会話も弾みます」と話す。

県内には14年4月現在、２２７カ所のグループホームがあり、地域密着型となった06年度の１２４カ所と比べ、倍近くになった。

グループホームの良さは、地域との交流だ。住民が施設と関わりを持てるよう、住宅地に建てるよう定められている。風見鶏では地元のコーラスグループと一緒に歌を楽しむなどしている。地域の人が認知症について理解する機会にもなる。西沢さんは「万が一、1人で外出しても、近所の人が顔を覚えているので安心」と言う。

認知症の人を介護する家族にとって、介護度が低い時の方が1人で外出して戻れなくなったり、周囲に暴力的になったりと負担が大きいことが多い。家族がぎくしゃくしてしまうこともある。

風見鶏の管理者である高橋恵子さん（57）は「身内ではない人が関わるというのが施設の良さ。入居でいったん本人と家族が離れることで、関係を修復する人が多い」と語る。施設では家族のつながりを重視し、便りを送付したり、小まめに本人の様子を伝えたりしている。「認知症になっても、本人と家族が元気で過ごせるように支援します」と高橋さん。

社会の高齢化が進む中、国では「施設」か「自宅」かの二者択一ではなく、共に支え合いながら地域全体で介護をする「地域包括ケア」を推進している。施設の役割の一つは家族を支えることでもある。

**グループホーム》** 介護保険認定の要支援2以上で、医師により認知症の診断を受けた人が対象。部屋は個室で、共有のリビングや食堂がある。入浴や排せつなどの介護が24時間受けられる。介護サービスは1割負担だが、家賃は全額自己負担、食費や光熱費も掛かる。地価などに応じ地域で費用が異なるが、県内では要介護3で月額11万円程度。

グループホーム「マナの家」

# 料理、ダンス 生き生き 自信引き出し表情に輝き

認知症の高齢者が、家庭的な雰囲気の中で共同生活を送るグループホーム。新潟市西区の住宅街にある「マナの家」では、80歳代以上の女性8人、男性1人の計9人が、まるで自宅にいるかのように思い思いの時を過ごしている。

食事の準備になると、長年台所に立ってきた女性たちが生き生きとする。「大根切ってくれますか」。職員の頼みに「分かりましたよ」と手慣れた様子で包丁を持つ92歳の女性。あっという間に煮物にする大根を刻んだ。「さすが、仕事が早い」「これぐらい、なんでもないよ」。そっけない言葉とは裏腹に、表情はうれしそうだ。長年、仕事と家庭を両立してきたこの女性にとって、「仕事」が評価されるのは何よりの喜びという。

グループホームは介護保険施設の一つ。マナの家は、社会福祉法人「からし種の会」が

地元の人たちを招いた忘年会。赤ちゃんをいとおしそうに見つめる入所者の姿があった＝新潟市西区

運営する。理事長の山崎ハコネさん（56）が、介護保険制度が始まる前の1998年から、高齢者の共同住宅を開設してきた。

日中は玄関に鍵を掛けない。「自宅なら在宅時は鍵を掛けないでしょう。ここは皆さんの自宅なんです」と、山崎さん。開かれた玄関からは、入所者の家族はもちろん、近くの住民らも気軽に顔をのぞかせる。

2013年の師走のある日。地元住民10人ほどを招いた忘年会が催された。輪の中心にいたのは100歳の入所者。箸を上手に使い、こぼさずきれいに食べる姿に「上手だね」と周囲の歓声が上がった。

そんな楽しげな様子を82歳の女性が、輪から離れたソファにぽつんと座って眺めていた。気付いた職員が「ダンスを教えて」と声を掛けると、すくっと立ち、背筋をぴんと伸ばして「スロー、クイック」。小学生のころからダンスを習っており、ダンスをするといつも表情が輝く。

宴もたけなわ。80歳の女性が「北国の春」を歌い始めた。職員に「ピアノを弾きましょう」と促されると、楽譜も見ずに「ふるさと」などを奏でた。幼稚園で働いていたので慣れたものだ。

近くに住み、月に何度かホームを訪れる村井幸子さん（69）は「さすが人生の先輩たち。いろいろな引き出しがある」と拍手を送った。

マナの家の基本方針は「その人の持てる力を引き出す」。山崎さんは「認知症になるとできることは確かに減る。でも残るものもある。それを見つけ、本人が自信を持って生きる手助けがしたい」と話す。

本人の体調や家族の都合が合えば、一時帰宅も積極的に行っている。

85歳の男性は、最近食が細くなり、寝たきりのことが多かった。一時帰宅では、自宅で大好きな焼酎やのっぺなどを味わった。ホームで「お帰り」と職員に迎えられると、笑顔を見せた。食欲も少し回復。再び晩酌を楽しんでいる。

義母が入所している新潟市秋葉区の伊里基さん（65）は「家では手に負えないこともあったが、ここでは穏やか。いつも『食べ方がきれい』と褒めていただくからか、今は本当にいい顔をしている」と目を細めた。

食事の時間は一応は決まっているが、ゆっくり寝たければ寝ていてもいい。好きなときに自分の部屋から共有スペースに出てきて、好きなときに部屋に戻る。施設長の服部千加子さん（57）は「皆さん、生活スタイルはバラバラ。こちらの都合で一斉に同じことをしてもらえば楽だけど、それも個性ですから」と屈託ない。

認知症になっても、その人らしく——。そんな思いに満ちた優しい時間が流れていた。

# 8

# 県内大学　知のサポート

県内の各大学では、認知症に関連する研究がそれぞれの専門性を生かしながら進められている。現在では確立されていない治療法や予防法の研究をはじめ、早期発見のための工学技術を生かした診断法、悪化しないためのリハビリ、看護、口《こう》腔《くう》ケアなど分野も幅広い。いずれも認知症の人や家族を支えるものだ。認知症の増加が社会的な課題となっている中、心強い「知のサポート」を紹介する。

## アルツハイマー解明に力
## 家族性に着目 脳内を観察

新　大

アルツハイマー病は、認知症患者の約5～7割を占める。進行を一時的に遅らせる薬はあるが、根本的な治療法はいまだ確立されていない。新潟大脳研究所（新潟市中央区）は、遺伝的要因で発症する「家族性アルツハイマー病」に着目した厚生労働省の研究班に、大阪市立大や東京大などとともに参加。世界的な課題であるアルツハイマー病の克服に向け、最先端の研究に携わっている。

「遺伝子解析は順調ですか」。池内健教授（49）がスタッフに声を掛けた。新大では既に2005年から、家族性アルツハイマー病かどうかを調べる遺伝子解析に力を注いできた。

家族性アルツハイマー病は症例が少なく、認知症全体の1％にも満たないといわれてい

家族性アルツハイマー病の遺伝子解析の進行状況などを確認する池内健教授（中央）＝新潟市中央区の新潟大脳研究所

る。しかし変異遺伝子を引き継いだ場合、親と同じくらいの年齢でほぼ確実に発症する。発症年齢が若いのも特徴だ。

研究班は14年度から3年をかけ、家族性アルツハイマー病の変異遺伝子を持つ家系で未発症の人に協力を仰ぎ、脳内の状態を観察する。全国で30人前後、新大でも数人に協力を依頼する予定だ。

アルツハイマー病は、脳内に原因物質である有害なタンパク質「アミロイドβ《ベータ》」が発症の10年以上前からたまり始め、神経細胞を破壊して発症すると考えられている。このアミロイドβを減らすことで治療につなげようという、さまざまな研究が国内外で進められてきた。ただ次第に、発症後では効果がないことが明らかとなり、研究の軸足は未発症の段階で、いかにアミロイドβに働き掛けをするかに移りつつある。

発症リスクが高い家族性アルツハイマー病の家系の人たちの協力が得られれば、認知症特有の症状が出るかなり前の段階から、脳内のアミロイドβの変化などを把握することが可能ではないか――。研究班が動きだしたのは、こうした狙いがある。そこから将来的に、一般的なアルツハイマー病のメカニズム解明と、治療法確立を目指している。

これまで国内では、家族性アルツハイマー病の変異遺伝子を持つ人がどの程度いるのかといったデータもなかった。新大は研究班の活動に先立ち、13年11月から、全国の医師へのアンケートなどを通じた実態調査に関わり、分析も手掛けた。その結果、１３５人の変異遺伝子を持つ人を確認し、報告書にまとめた。

研究班で新大はこれまでの蓄積を踏まえ、データの解析や分析などで中核的な役割を果たすことが期待されている。

池内教授は「協力を仰ぐ家族性アルツハイマー病の患者さんやご家族の切実な思いを受け止め、多くのアルツハイマー病の人に役立つ治療法を開発したい」と語る。

## 工学を活用 脳機能評価
## 治療につなげ進行抑制も

長岡技科大

長岡技術科学大（長岡市）医用生体工学研究室の内山尚志助教（50）は、工学技術を活用した認知症研究に取り組んでいる。「ストループ効果」と呼ばれる現象を切り口に、正確に調べることが難しい認知症の予備軍といえる軽度認知障害（ＭＣＩ）の評価方法を考案した。厚生労働省研究班の推計によると、２０１２年時点で、ＭＣＩの高齢者は約４００万人。早期発見は認知症対策の鍵を握っており、研究の実用化が期待されている。

「順に色を答えていくのです」。内山助教はパソコン画面を指しながら説明した。赤、青、黄、緑の漢字が文字の意味とは異なる色で表示されている。青という漢字が赤色で、緑の漢字が黄色でといった具合に、４色と４字を組み合わせた計16文字が並ぶ。文字と色が異なるため、文字と色が同じ場合よりも回答までの時間がかかるストループ効果を引き

内山助教（右）が実用化を目指す認知症予備軍などを評価する検出システム＝長岡市の長岡技術科学大

起こすためのモニターだ。

ストループ効果は文字を読もうとする脳の反応を抑制することから、前頭葉の高次機能と深く関わる。高次機能が低下すると、それだけストループ効果の影響を受け、時間がかかってしまう。認知症は特有の症状が現れる前から、高次機能に衰えが生じることが知られている。

この高次機能を測定するため、03年から研究を重ねてきたのが「ストループ効果による軽度認知症検出システム」だ。モニターに映し出された16文字が何色か回答する時間を計測し、客観的に状態を把握する。

認知症かどうか調べるには、時間や場所など自分が置かれた状況を判断する見当識や、記憶力などを評価するのが一般的。医療現場などでは「今日は何年の何月何日ですか?」「今いるところはどこですか?」など、口頭で10項目程度を尋ね、評価する方法が広く用いられている。

しかし、内山助教は「既存のやり方では、健常者から重度の認知症患者までを対象にしているため、軽い物忘れ症状なのか、軽度認知障害なのかを正確に評価することが難しい」と指摘。軽度認知症検出システムは、こうした課題を解消することを目的としている。

認知症は早期発見できれば、生活習慣の改善や知的リハビリテーションなどを通じて、症状の進行を抑えたり、重症化を防いだりすることができる。医用生体工学研究室ではこれまでにも、認知症の周辺症状である徘徊に気付くための装置やリハビリテーション用の電気刺激装置の研究、開発などを手掛けてきた。

内山助教は「少子高齢社会の日本では特に認知症の介護対策は急務だ。軽度認知症検出システムを活用して早期発見、早期治療につながれば健康寿命を延ばすことにもなる」と力を込める。今後は医療機関や福祉施設での実証研究を通じてシステムの精度を高め、将来的には認知症を評価するツールとして広めていくことを目指している。

# 現場感覚知る専門家に
# 尊厳意識した介護を学ぶ

新潟青陵大

認知症の人の暮らしを支える介護職員。少子高齢化が一段と進む中、担い手の育成は重要だ。新潟市中央区にある新潟青陵大福祉心理学科の荒木重嗣教授（60）は、介護福祉士や社会福祉士を目指す学生たちに、教科書だけではなく、現場での実践例から多くのことを学んでほしいと願っている。

「認知症の人のプライドを傷つけない接し方は？」。1年生の授業で、荒木教授が問い掛けた。先輩である2年生が介護施設で実習した時の感想をもとにした質問だった。

荒木教授は教職に就く前、先進的な取り組みで知られる長岡市の特別養護老人ホーム（特養）「こぶし園」で10年以上、介護職員として働いた経験がある。

特養で働き始めた約30年前は、認知症という言葉はなく「痴呆症」と呼ばれていた時代

認知症の特徴などについて発表する１年生に、アドバイスする荒木重嗣教授（中央）＝新潟市中央区の新潟青陵大

だ。介護保険制度もなく、「今のようにきめ細かなケアは確立されていなかった」と荒木教授。だが、勤務先は「認知症は老いの現象の一つと捉えて温かく接していた」。玄関に鍵を掛けないという、今では一般的な取り組みでも先んじていた。こうした介護を肌で学んだことが、現在の指導につながっている。

学生たちに伝えるのは、相手を敬う「ワンダウン」の姿勢だ。「認知症の人も今まで通りの役割を果たしたいと思っている。でも家庭では難しくなり、社会でも弱い立場になっている」。お年寄りたちに「教えてください」という態度で接し、活躍できる場をつくることが大事だという。

そのために有効と考えているのが、心理療

法で使われる「解決志向アプローチ」を用いたコミュニケーションだ。認知症のため、できないことが増えてきたとしても、できる部分を褒め、これまでの関心や経験を重視しながら関わる。問題点に焦点を当てないことが特徴だという。例えば質問の仕方でも、「何が良くなったの？」とプラス部分を引き出すような言葉を使う。

福祉心理学科の福祉ケアコースからは、毎年約20人が介護現場に羽ばたく。荒木教授は、現場の介護職員向けの研修会で講師を務める際など、卒業生と顔を合わせる機会も多い。「授業で学んだように実践することが難しい」といった相談を受けることもあるが、お年寄りの尊厳をしっかり意識して、一生懸命寄り添おうとする姿勢が伝わってくるという。

高齢者の増加に伴い、専門的な知識を身に付けた介護職員のニーズが高まる一方で、離職率の高さや慢性的な人手不足が問題となっている。また、認知症の人が共同生活を送るグループホームや、小規模な地域密着型の特養など、介護施設も多様化している。荒木教授は「介護職員も誰かが評価することで、やりがいを感じることができる。認知症の人の行動を受け止めて、施設を運営できる人材育成が求められている」と強調する。

## パズル使って脳を刺激 トレーニング法開発に力

新潟リハビリテーション大

アルツハイマー病をはじめとする認知症は、脳を刺激するトレーニングをすると、状態を維持できるだけではなく、時には改善が見られることもある――。最近は、そんな研究成果がリハビリ関係者から寄せられている。新潟リハビリテーション大（村上市）の伊林克彦教授（66）もその一人だ。認知症患者が簡単に取り組めるトレーニング法の開発に力を入れている。

机の上に並べられた木製のパズル。学生たちが伊林教授から指導を受けながら、認知症の患者にどのように使ってもらうか試していた。パズルは伊林教授が考案。パーツを組み合わせたり並び替えたりして、認知症の度合いに応じ、さまざまな難易度のものがある。どの程度の効果があるか、認知症の高齢者に試してもらい、データを集めている。

認知症の高齢者が手軽にトレーニングできるパズルの使い方を、学生に指導する伊林克彦教授（右奥）＝村上市の新潟リハビリテーション大

伊林教授はもともと、高次脳機能障害の失語症を専門としていた。現在は、認知症患者のトレーニングをメーンに研究している。きっかけとなったのは、約10年前。発症から5年たったアルツハイマー病の男性に対して行った学習療法だ。

計算問題やトランプ、五目並べなど、脳を刺激するトレーニングを週2回、続けた。1年後にあらためて知能診断検査をしたところ、単語など、短期間の記憶に関する課題で、大きな改善が認められたという。引きこもりがちだったが外出するようになるなど、日常生活でも目に見える変化が表れた。認知症は薬で進行を遅らせることはできても、根本的な治療はできない―。こうした〝常識〟に対し、伊林教授は「脳には、可塑《かそ》性という復元する力があるんです」と説明する。

研究を支えているのは、「介護に苦労している家族の役に立ちたい」という強い思いだ。伊林教授はかつて、スキー複合の選手だった。だが、大学生の時にジャンプ競技で頸椎《けいつい》を損傷。四肢まひになり、現在は電動の車椅子を使いながら、研究生活を送っている。「これまで多くの人の支えがあって、仕事をすることができた。だからこそ、自分の専門を生かし、質の高い援助をしたい」と語る。

研究で今後、力を入れたいのは、国内に約400万人いるといわれる軽度認知障害（MCI）の高齢者たちに対するトレーニングだ。まだ認知症を発症していないこの段階から行うことが大事だという。だが、なかなか機会がないのが現状だ。

こうしたことから、家庭などでも訓練できるよう、記憶訓練や体操などを紹介するDVDを作成。いずれ商品化したい考えだ。「認知症になっても悲観することはない。トレーニングを活用して、生き生きと社会生活を送ってほしい」と言葉に力を込めた。

## 高齢者理解し 適切ケア
## 高度な知識技能で指導役

県立看護大

県立看護大（上越市）の大学院には県内で唯一、「老人看護専門看護師」の教育課程がある。高齢になると認知症を患ったり、複数の慢性疾患を抱えたりする人が増え、介護の側面からも対応が必要となる。老人看護専門看護師は、こうした高齢者の状態を理解した上で看護に当たるスペシャリスト。高齢者人口が増加する中、重要性が高まっている専門職だ。

上越市にある介護老人保健施設（老健）「国府の里」の認知症専門棟。「お茶飲みに行きませんか」。看護大の大学院生、布沢奈緒美さん（31）が、80代の女性の手を握りながら語り掛けた。女性は安心した表情を見せ、ゆっくりうなずいた。

老人看護専門看護師の教育課程に組み込まれている実習の一こま。同大では老健のほか、

実習先で、認知症の女性と談笑する県立看護大大学院生の布沢奈緒美さん＝上越市の「国府の里」

県内外の病院や認知症の高齢者が共同生活を送るグループホームなどに実習の受け入れを依頼している。

専門看護師教育に関わる小泉美佐子教授（老年看護学）は「高齢化、医療の高度化に伴い、専門分野に卓越し、リーダーシップを発揮できる人材が求められている」と強調する。

専門看護師とは、特定の分野で高度な知識と技能を備えた看護師のことだ。「がん看護」「地域看護」など11分野がある。大学院の専門課程や、５年以上の実務研修（うち3年以上は特定の専門分野）を経て、日本看護協会の審査に合格すれば認定される。

２０１２年度にスタートした看護大の老人看護専門看護師の教育課程には、４人が在籍。14年度末に初の修了生が出る見込みだ。実習計画や研究論文の指導、講義などを通して、病院や施設、地域など幅広い場所で活躍できる専門看護師を育てたいと考えている。

特に認知症ケアで、小泉教授が大切にしてほしいと願い、教えているのが「パーソンセンタードケア」（その人中心のケア）という考え方だ。

認知症の人は記憶障害などの主症状のほかに、徘徊や興奮などの周辺症状が出る人もいる。周囲がその行動の意味を考え、本人の気持ちを理解し対応することで、改善する場合もある。

ただ、介護施設ではない一般病院の場合、「認知症ケアがまだ十分に理解されていない」と小泉教授。認知症患者への対応が難しいとして、入院治療に消極的になるケースも少なくない。

こうした中で、認知症を理解し、適切な接し方を身に付けた老人看護専門看護師にかかる期待は大きい。「ケアの在り方を周囲の看護師に広め、指導する役割もある」と小泉教授。日本看護協会によると、14年1月時点で、老人看護専門看護師は全国で66人いるが、本県ではゼロだ。小泉教授は「医師とも対等な関係を築けるような人材を多く育て、高齢者の医療やケアの質の向上に貢献したい」と語る。

## 入れ歯でかむ機能保つ
## 脳を活性化 誤嚥の予防も

明倫短大

食べ物をかむと脳に刺激が伝わり、記憶に深く関係している「海馬」が活性化し、認知症の予防になるといわれている。近年では歯周病が、認知症で最も多いアルツハイマー病を悪化させるという研究結果も発表されている。

歯科衛生士や歯科技工士を養成する明倫短期大(新潟市西区)の学長を務める河野正司教授(73)は「かむことは健康のために大切だが、加齢とともに虫歯や歯周病で歯を失う人が増えてくる。ただ、それを放っておくのではなく、入れ歯でかむ機能を維持することが大切」と訴える。

河野教授は長年、食べ物をよくかみ砕く咀嚼《そしゃく》について研究している。本人はきちんとかんでいるつもりでも、かみ合わせなどが悪く、実際はうまくできていないことが少なくない。

しっかりかめているか調べるためには生米や、唾液とまざると色が変わる試験用食品をかんでもらうなど、さまざまな方法がある。河野教授は20年ほど前からピーナツを使っている。患者に左右どちらか一方の歯でかんでもらったり、自由にかんでもらったりして、砕けた粒の大きさや口の中に残った量から判断する。「人は食べ物を右側と左側の歯で交互にかんで食べている。片方だけでは、しっかりとかみ砕くことができない」と説明する。

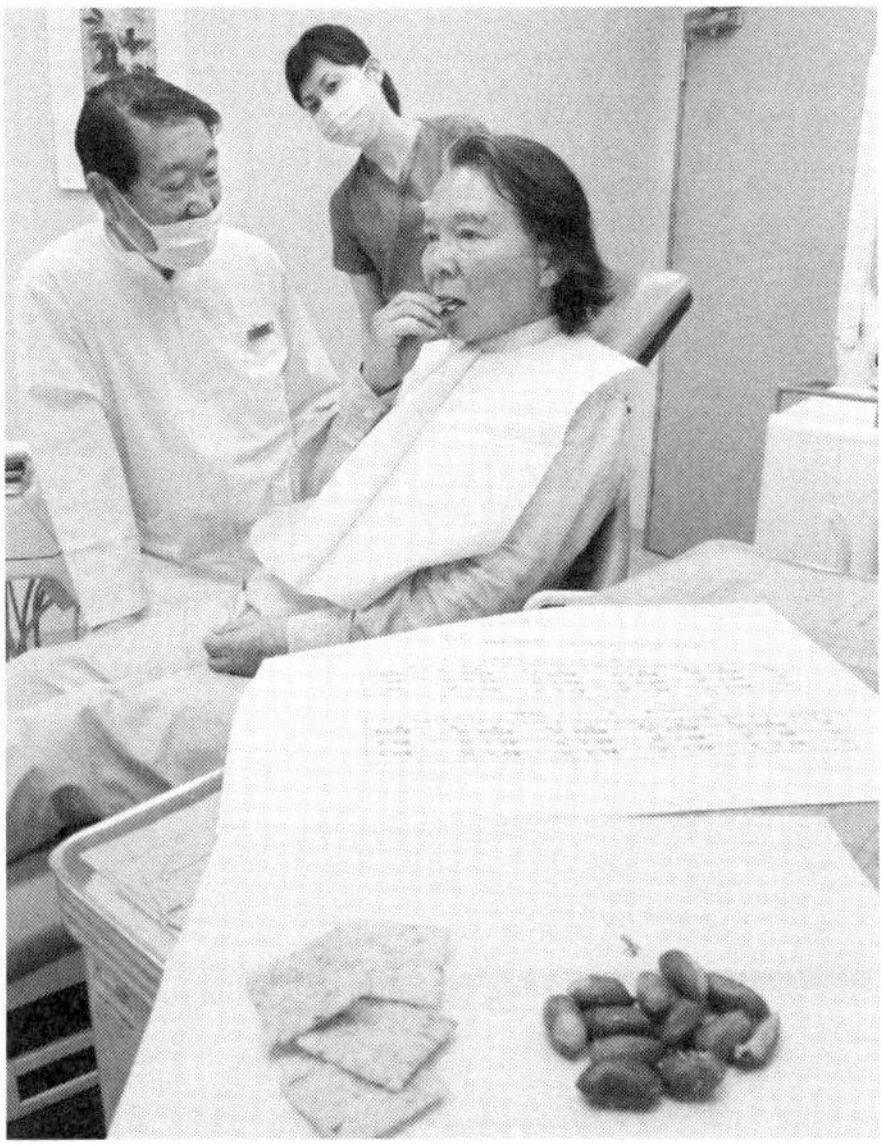

部分入れ歯の患者に煎餅をかんでもらい、しっかりかめているかを調べる明倫短期大の河野正司教授（左）＝新潟市西区

河野教授は入れ歯の具合を調べる際はピーナツより砕けやすい、薄い煎餅を用いる。「煎餅を2枚かみ、のみ込みたくなるまでの回数を数えてください」。同短大付属の診療所を訪れた部分入れ歯の男性が促されて、煎餅を口に入れた。左右それぞれ一方で咀嚼し、回数に差が出れば、異常があり、入れ歯が合っていないことになる

という。

河野教授が入れ歯での咀嚼について力を入れるのは、部分入れ歯の必要性を患者に理解してもらいたいからだ。残っている歯で食べることができる、着け心地が悪いといった理由で、せっかく作っても使わなくなる人がいる。その結果、食べ物を細かくできなかったり、口の中に残ったりする。食べ物をのみ込む嚥下《えんげ》機能が低下しているお年寄りにとっては、口腔《こうくう》内の汚れは誤嚥《ごえん》につながり、さらに誤嚥は肺炎を引き起こす恐れがある。

認知症の高齢者には、入れ歯の手入れができなかったり、合わない入れ歯を使い続けたりしている人もいる。歯科医院での診療を嫌がる場合も少なくない。

同短大付属の診療所では、高齢者施設などへの訪問診療にも力を入れている。訪問先には認知症のお年寄りは多い。将来的には、診療所に来なくてもより安全に入れ歯が作れるよう、3次元のカメラで口の中を撮影して、型取りの代わりにするという構想もあるという。河野教授は「訪問先での診療をスムーズにするような道具や方法についても、これから考えていきたい」と話している。

## 「既存薬」の活用を研究
## 生活習慣病の予防が効果

新大

糖尿病になると、認知症の一つであるアルツハイマー病になるリスクが高まると指摘されている。新潟大脳研究所（新潟市中央区）はこの関連性に注目し、糖尿病の治療薬がアルツハイマー病患者の治療に役立たないか研究を進めている。研究の中心となっている春日健作助教（40）は「実現したら認知症の本人や家族にとって、大きな救いになる。それとともに、生活習慣病を予防する大切さも知ってほしい」と力を込める。

アルツハイマー病を発症した人の脳内では、神経細胞を破壊する「アミロイドβ」と呼ばれるタンパク質が増加している。これとともに、血糖値をコントロールするインスリンの働きも脳内で悪くなっていることが、海外の研究で判明している。

「ならば、脳内でインスリンの働きをよくすれば、アミロイドβに影響するのではない

培養皿に敷き詰めた細胞に薬を垂らし、どんな反応が起きるか実験する春日健作助教＝新潟市中央区の新潟大脳研究所

かという仮説を立て、インスリンをコントロールする糖尿病の治療薬に目を付けたわけです」と春日助教は説明する。

認知症患者の約5～7割を占めるアルツハイマー病の根本的な治療薬は、世界的に待ち望まれている。現在は数種類の治療薬があるが、いずれも進行を遅らせる程度にすぎないためだ。原因物質であるアミロイドβを減らす薬の開発に、世界各国の研究者らがしのぎを削っているが、いまだに治験での有効性が認められず、実現には至っていないのが現状だ。

一方、脳研の春日助教らの研究は既存の糖尿病薬を活用することから、大きな期待が寄せられている。これまでに、ラットなどの培養細胞を使った実験でアルツハイマー病が改善されることを証明し、２０１２年に論文を発表した。現在は人体でも効果があるか、さまざまな観点から研究を進めている。

春日助教は神経内科医でもあり、今も新潟大医歯学総合病院で認知症患者の診察に当たっている。多くの患者や家族に接してきたからこそ、研究に懸ける思いは大きい。「患者や家族の大変さをずっと間近で見てきた。だからこそ、治療薬の開発を通じて、患者さんの暮らしを支えていきたい」と強調する。

同時に、この研究は生活習慣病に対する意識を高めることにつながるとも考えている。糖尿病になると、アルツハイマー病のほか、脳血管型の認知症を発症するリスクも高まる。また、認知症になるリスクは糖尿病を発症した人だけではなく、食事後に血糖が下がらない「耐糖性異常」（境界型糖尿病）の人でも高いことが分かっている。

「認知症になるリスクの一つに加齢がありますが、これはどうしようもない。でも、生活習慣病にならないように心掛けることは誰にでもできる。多くの人にこのことを理解してもらい、ぜひ実践してほしい」。春日助教は最後にこう呼び掛けた。

# 脳も鍛えて予防に効果
# 糖を取り込む仕組み研究

新潟医療
福祉大

新潟医療福祉大（新潟市北区）の川中健太郎教授（48）は、脳のエネルギー源となる糖の取り込みと、学習・記憶などに関する認知能力との関係を研究している。「日常的に運動をしていると健康にいいことは知られているが、脳にもいい。その科学的なメカニズムを解明し、認知症を予防する運動を提案したい」と意欲的だ。

川中教授は運動生理学が専門。これまで、筋肉における血糖の取り込みの研究をしてきた。運動後に食事を取ると、筋肉は次の運動に備えて、より多くのエネルギー源となる糖（グリコーゲン）を蓄えようとする。これは「超回復」と呼ばれ、持久力を鍛える仕組みとなっている。

「このメカニズムが脳の中でも起き、認知能力を高めているのではないか」と川中教授

専用の機械で、ラットを走らせる川中健太郎教授。血液から疲労具合などを測定し、運動と認知能力の関係を調べている＝新潟市北区の新潟医療福祉大

は仮説を立て、現在の研究を２０１３年に始めた。「体のエネルギー源は糖のほかに脂肪もあるが、脳は糖しか使えない。注目した理由の一つです」と説明する。既に運動中の脳内で糖を取り込むメカニズムは確認した。今は運動後の脳内の状態について研究を進めている段階だ。

動物実験室では、ラットがランニングマシンのような機械の上を走っていた。実験後にラットの血液を採取し、運動前と後で疲労の具合など変化を測定する。川中教授の指導を受けながらこのテーマを研究している同大大学院2年の吉村達彦さん（26）は「脳代謝はまだ不明なことが多く、やりがいがある。この研究を足掛かりに認知症の問題に貢献していきたい」と熱く語る。

運動の大切さは、厚生労働省でも提唱している。ほんのり汗ばむ程度の運動を毎日30分程度すると健康によいという。「体だけではなく、脳も鍛えるんです」と川中教授。アメリカの高校で毎朝、体育の授業をしたところ、成績が飛躍的に向上したという有名な報告もある。

研究を通じて川中教授が強調したいことは、極めてシンプルだ。人間はきちんと食事を取って運動をし、睡眠を取れば健康でいられるというものだ。「大昔は食べ物を探して体を動かし、栄養を取っていた。体がそのような仕組みになっているんです」と説明。「運動が難しい高齢者ならば、ゆっくりとしたペースの散歩やラジオ体操でもいい。それが無理なら、一日中座りっぱなしの生活をしないこと。少しでも体を動かすことが大事なんです」

今後は、どんな運動が効果的かについても科学的に研究していきたいと考えている。「私の専門を生かし、それぞれの状態に応じた認知症予防の運動法を提案していきたい」と力を込めた。

# 9

# どう防ぐ　どう守る

記憶力や判断力が衰えた認知症の高齢者らが、徘徊して行方不明になったり、日常生活でトラブルに巻き込まれたりするケースが目立っている。認知症が疑われる人の自動車運転事故も起きている。求められるのは、誰もが住み慣れた地域で安心して暮らし続けられる地域づくりだ。認知症の人の増加に伴う問題にどう対応していけばよいのだろうか。

徘徊

## 悩み抜いた末に施錠「周囲に迷惑掛けられぬ」

「多分、お宅のおばあちゃんだと思いますが…」

2012年11月の午後8時ごろ。長岡市の無職男性(68)は自宅で突然の電話を受けた。高齢女性が道路で倒れているのを見つけた、という通行人からの連絡だった。「母は部屋にいるはずだけど」。慌てて見に行くと、姿がなかった。

母親(91)は歩いて5分ほどの場所で、転んだのか立ち上がれない状態だった。連絡をくれた人が「頭を打っているかもしれない」と、寄り添っていてくれた。辛うじて電話番号を聞き出せた、という。

10年前から物忘れなどの症状が出始め、以前にも家族が目を離したわずかな間にいなくなったことがあった。玄関にチェーンを付け、鍵を閉めることを徹底したはずだったが、

徘徊を防ぐため、やむにやまれず玄関のドアに取り付けた鍵を確かめる家族＝長岡市

この日はうっかり忘れていた。

「もし車道で倒れていたり、寒い季節に長時間見つけられなかったりしたらどうなったか。結果的に大きなけがもなかったが、最悪の事態を想定し、怖くなった」と男性の妻（67）は振り返る。これをきっかけに、家から外に出られる戸の全てに、新しい鍵を取り付けた。

十日町市の自営業男性（60）も、7年前に若年性認知症と診断された妻（60）の徘徊に悩んでいる。

最初は位置情報が分かるGPS機能付きの携帯電話を持たせ、家族で探した。いなくなるのは主に日中で、知人の家や、孫を迎えに行こうとしたのか幼稚園や小学校の近くなど、行き慣れた場所で見つかることが多かった。

しかし、だんだんと症状は悪化。見知らぬ人の家に入り込むことも増えた。4年前の10

月、男性が夜間ふと目を覚ますと、隣に寝ているはずの妻がいない。「夜の徘徊は初めてで、本当に動揺しました」。妻が通うデイサービスや知人宅、男性の仕事先など、心当たりの場所に手当たり次第に電話をかけた。数時間たち、警察に捜索願を出そうとした矢先、歩いて30分ほどのコンビニエンストアに妻がいるとの連絡が入った。

この出来事が決定打となり、男性は暗証番号を入力しないと家の外に出られないドアを玄関に付けた。「かわいそうなようだが本人、そして家族のためにも鍵を掛けるしかない」。妻の介護をできるだけ在宅で続けるには、これ以上、周りに迷惑を掛けることはできないと考えた。

認知症の周辺症状の一つである徘徊は、介護する家族らにとって精神的にも肉体的にも大きな負担と

### サ|ポ|ー|ト|メ|モ

県警交通企画課は、徘徊による重大な事故が起こりやすい早朝や深夜に活動する機会が多い団体に対し、「『シルバー助け隊』110番通報マニュアル」を作成している＝表参照＝。

歩行者だけでなく、ふらついている自転車なども徘徊している可能性として挙げ、積極的な通報を呼び掛けている。

**お年寄りらが…**

- 道路の真ん中を歩いていた
- ふらつきながら自転車に乗っていた
- 道路上に座っていた、または倒れていた
- 交通の多い道路で「突然」道路を横断した
- 自転車で信号無視などを繰り返し危険だった

なる。介護度が低く、体力があるうちはなおさらだ。「徘徊するなら閉じ込めておけ」と冷たい目を向けられることもある。悩みながら、施錠などで自衛策を講じている家族が多い。

徘徊

## 早期発見へ情報共有
## 写真や特徴 登録の動きも

2014年4月中旬の深夜11時ごろ、北陸道巻潟東インターチェンジ付近の高速道を自転車で走っていた認知症の女性（65）＝新潟市西蒲区＝が保護された。夕方、妻の不在に気付き、必死に行方を捜していた夫の松本弘さん（71）は「全身から力が抜け、涙があふれてきた」と振り返る。

妻が行方不明になったのはこの日が初めてだった。「用水や田んぼに落ちて動けなくなったのか、夜になり寒さに耐えられなくなったのかなど、最悪の事態を考えた」と松本さん。

県警生活安全企画課によると、県内では12年、認知症が原因の行方不明者の届け出が延べ178人分あった。うち9人は用水路や雑木林で亡くなっているのが見つかった。また、歩行中に交通事故で死亡した65歳以上の高齢者は13年は31人に上り、県警交通企画課

認知症のお年寄りが行方不明になったとの想定で行われた模擬捜索訓練。住民も加わった＝2013年10月、湯沢町

は「認知症の人も多い」とする。徘徊はまさに命の危険と隣り合わせだといえる。

徘徊する高齢者らを早期発見、保護するための仕組みづくりが、県内でも進められている。

県警は1996年から、認知症の人が行方不明になった場合、地元警察署から性別や年齢、服装などの情報をタクシー会社や給油所などにファクスで流している。「はいかいシルバーSOSネットワークシステム」と呼ばれ、例年300〜500件の情報を流す。2013年は443件だった。

衛星利用測位システム（GPS）の貸し出しや、徘徊を想定した模擬捜索訓練に取り組んでいる市町村も少なくない。

十日町市では11年度から、「認知症サポーター養成講座」を受けた人を対象に、認知症の人が行方不明になった場合に、本人の特徴などを記したメールの配信を始めた。これまでに200人余りが登録。12、13年度で計4件を配信し、いずれも無事に発見された。同市おとしより相談係の鈴木幸春係長は「養成講座は受講して終わりになりがち。せっかく認知症に関心を持ってくれた人に、地域の核となり活動してもらいたかった」と狙いを語る。

さらに、もし行方不明になっても迅速に見つけ出せるよう、徘徊の可能性がある人の写真や体格などの情報を家族らに事前に登録してもらっている。14年3月末までに27人が登録済みだ。

同市で認知症の妻(60)の介護を続ける自営業男性(60)は、こうした動きを歓迎する。そ

## サ|ポ|ー|ト|メ|モ

**市町村の主な対策**(県調べ)

| 衛星利用測位システム(GPS)貸与など | 捜索訓練の実施 |
|---|---|
| 新潟市、新発田市、柏崎市、五泉市、燕市、妙高市、佐渡市、胎内市、聖籠町、弥彦村、刈羽村 | 南魚沼市、小千谷市、湯沢町 |

県高齢福祉保健課によると、県内では14年春時点で新潟市や新発田市など11市町村が、GPSの機器の貸し出しなどを実施している。ただ、利用者は計48人にとどまる。同課は「機器を持たずに外に出てしまう人もいて、うまく活用できていないようだ」と説明する。

南魚沼市、小千谷市、湯沢町では、警察や消防などの関係機関や住民らが合同で、徘徊を想定した模擬捜索訓練を実施。柏崎市や弥彦村などでは防災無線を使い、徘徊した人の捜索を呼び掛けている。

の一方で事前登録には「むしろ大騒ぎして迷惑を掛けるのではないか」とためらう気持ちがあると打ち明ける。

妻が高速道で保護された松本さんは今回の出来事を受け、民生委員や自治会の役員、友達らから「何でもっと早く連絡してくれなかったんだ」と叱られたという。

家族はどうしても周囲に遠慮し、自分たちで解決しようと問題を抱えがちだ。地域で情報を共有し、認知症の人を見守る意識を広げていくことが求められている。

車の運転

## 家族、医師 説得に苦労
## 「異変」は大事故の前触れ

家の外でエンジン音が聞こえた。「お願い、行かないで！」。慌てて外に出た村上市の主婦海沼としえさん（64）の制止を振り切って、軽トラックは急発進していった。「無事に帰ってきますように」と、家の前で待つしかなかった。57歳で若年性認知症と診断された夫（66）が、まだハンドルを握ることがあったころの話だ。

夫は公務員として働いていた50歳の時、物忘れなどの症状が出始め、当初はうつ病と診断された。医師には運転を止められ、としえさんも説得を続けたが、やめてくれなかった。

路肩に寄り過ぎたり、スピードを出したりと、としえさん自身、助手席で何度もひやりとした。鍵を隠しても、見つけてしまう。知人の車を勝手に運転して田んぼに落ち、廃車にしてしまったことも。夫は症状が進み、60歳を前に運転に関心を示さなくなった。「大

車社会の本県では、高齢になってもハンドルを握り続ける人が多い。認知症の人の運転は事故につながりかねない＝新潟市中央区

きな事故がなかったのが、せめてもの救い。あのまま運転を続けていたらどうなっていたか」。としえさんは当時の苦悩を振り返る。

判断力や記憶力が落ちた認知症の人の運転は、大事故につながりかねない。アクセルとブレーキを踏み間違えたり、道路を逆走して対向車にぶつかったりする事故が全国各地で起きている。65歳以上の4人に1人が認知症かその予備軍といわれる中、高齢ドライバーの事故をどう防いでいくかは大きな課題だ。

県警のまとめでは、2013年の県内での交通事故死者107人のうち、高齢ドライバーが起こした事故の死者は36人と、全体の3割余りを占めている。

認知症の人の運転に詳しい白根緑ケ丘病院

（新潟市南区）の佐野英孝院長によると、認知症の種類によって、①道に迷う（アルツハイマー型）②信号無視などのルール違反をする（前頭側頭型）③視野が狭まり周囲の車や歩行者が見えない（脳血管性）—などの傾向がみられる。いずれも事故を引き起こす可能性があり、「異変に気付いたら、周囲はできるだけ運転をやめさせてほしい」とする。

「運転を何とかやめさせたい家族と、やめる気のない本人を何組も見てきた」と佐野院長。その都度、本人の脳が萎縮していることを示す画像や、認知症の人が運転して大事故に至った事例を説明するなどして、家族が患者を説得するのを手助けした。「医師の言葉で納得するのか、8割ぐらいが運転を諦めて

### サ|ポ|ー|ト|メ|モ

**認知症が原因で失敗することの多い運転行動**

- センターラインを越える
- 路側帯に乗り上げる
- 車庫入れ（指定枠内への駐車）に失敗する
- 普段通らない道に出ると、急に迷ってしまう
- 普段通らない道に出ると、パニック状態になる
- 車間距離が短くなる

認知症が疑われる人の運転には、どんな特徴があるのだろうか—。「認知症高齢者の自動車運転を考える　家族介護者のための支援マニュアル」（監修・国立長寿医療研究センター長寿政策科学研究部の荒井由美子部長）では、認知症の人が失敗することが多い６項目について挙げている＝表参照＝。

いずれも年を取っただけで増える失敗ではなく、認知症によりさらに起こりやすくなる失敗。家族らが定期的に観察し、チェックすることが大切だ。

くれた」との印象を語る。

一方で、「ぼけ防止のために運転している」と開き直る人や、家族が「通院や買い物などの生活に車が必要。助手席で見ているので大丈夫」などと言うケースがあるのも事実だ。佐野院長は「『車をこするなど小さな事故だから大丈夫』と考える人がいるが、むしろ大きな事故の前触れと深刻に受け止めてほしい」と念を押す。

車の運転

## 免許返納 自主性頼み
## 制度開始後取り消し4人

「お父さんが車で出掛けたまま、昨日の夕方から帰ってこないのよ」。長岡市のパート女性（52）は2013年7月の夕方、父親（83）と2人で新潟市東区に暮らしている母親（79）からの電話に驚いた。

実家に向かう準備をしている最中、思いも寄らぬ方面の糸魚川警察署から母親に連絡があった。父親が管内で歩道沿いのポール十数本をなぎ倒す物損事故を起こしたという。対面した父親は疲れ切った様子だった。長時間、一般道を走り続けていたようだ。「人をはねなくてよかった」。女性は胸をなで下ろした。

両親と離れて住んでいた女性はこの事故まで、父親の認知症に気付かなかった。ただ、高齢で運転することが心配で、80歳を過ぎたころから、父親には運転をやめるよう訴えて

高齢者講習を受ける高齢ドライバー。シミュレーターや実際の運転を通じ、自身の運転能力を確認する＝新潟市西区の新潟文化自動車学校

もいた。トラック運転手だった父親は聞く耳を持たなかったが、思い返せば、母親が「お父さん、私が案内しないと道が分からないの」と、こぼしたことがあった。

女性は「免許が更新できたから大丈夫、と父は胸を張り、私たちも安心してしまった。後から、認知症が疑われても更新はできると知り、驚いた」と話す。

75歳以上の高齢ドライバーをめぐっては、09年から免許の更新時に判断力や記憶力を調べる「認知機能検査」が義務付けられた。検査は各地の自動車学校で受け、同時に実車やシミュレーターなどを使った高齢者講習も行われる。

ただ、3段階のうち、結果が最も悪い「記

憶力や判断力が低下」となっても、直ちに免許が取り消されるわけではない。信号無視など特定の交通違反をした人が、専門医から認知症と診断され、初めて取り消しとなる。こうした経緯を経た免許取り消しは、県内では制度開始以来わずか4人にとどまっている。

免許を持つことは個人の権利であり、正式な手続きを経ずに取り消すことはできない。県運転免許センターの小林博紀次長は「認知症の人の家族から、『免許を取り上げて』と頼まれることもあるが、なんとか免許の自主返納を目指してほしいと伝えている」と話す。

自主返納は、運転に不安がある人が免許の取り消しを申し出る制度だ。県警によると、65歳以上の返納者は増加傾向にあり、13年は

### サ|ポ|ー|ト|メ|モ

2014年4月1日現在、県内市町村のうち15市が免許を自主返納した高齢者への支援を実施している。マイカーに代わる交通手段として利用してもらおうと、バスやタクシー券を交付するケースが目立つ。

**運転免許自主返納者への主な支援**

| バス、タクシー券交付（6000円～2万円分 | 買い物券交付（5000円分） | 市営バス利用料金2年間免除 |
|---|---|---|
| 妙高市、糸魚川市、新潟市、見附市、魚沼市、五泉市、胎内市、上越市、長岡市 | 新発田市 | 阿賀野市 |
| | バス回数券、タクシー券への変更も可能 | 他にタクシー券5000円分も交付 |

※支援対象年齢は自治体によって異なる
県警の資料を基に作成

「運転経歴証明書」と同様に、身分証明書代わりとなる住民基本台帳カードの発行手数料を無料にする市も多いほか、妙高市と村上市では市内の宿泊施設や温泉施設の利用料金を割り引く取り組みもしている。

3325人。希望者には身分証明書代わりになる「運転経歴証明書」が千円の手数料で交付されるほか、返納者に対し、交通機関の料金補助などの支援をする自治体も増えている。ただ、本県のような地方都市では代替の公共交通機関が貧弱だ。そもそも本人が自主返納に応じなければこうした支援は受けられない。長岡市の女性は事故直後、「免許は取り上げられたよ。車も壊れたから廃車にするね」と、父親にうそをつく格好で運転をやめさせた。「もっと早く認知症に気付き、自主返納ができればよかった」と残念がる。

買い物

# 破損、持ち出しに苦慮
# 症状理解へ店側が研修も

スーパーや商店街などでの買い物は、日常生活には欠かせない。ただ、認知症の高齢者が増える中で、店舗側も対応に苦心している。

商品を指でつぶして破損させた、売り物の総菜をその場で食べた、会計をせずに店を出た…。「お客さんからの報告も数多く寄せられ、現場では対応が迫られていました」。原信吉田店（燕市）の佐竹義正店長（45）は説明する。

こうした行動は認知症が原因で、理解・判断力が衰えるためだといわれている。

認知症の症状がみられる来店者にどう接するか。2012年秋、スーパー原信とナルスを展開するアクシアルリテイリング（長岡市、当時は別社名）は、店長ら180人を対象に「認知症サポーター養成講座」を開き、基礎知識を学んだ。

お年寄りに声を掛ける原信吉田店の佐竹義正店長。認知症になっても安心して買い物できる売り場を目指している＝燕市

同社本部の担当者、池田高史さん（49）は「地域住民に気軽に立ち寄ってもらう場所として、認知症のお年寄りへの対応をきちんとするのはスーパーの責務と考えた」と語る。

実際、販売側に知識がないと、意図的な犯罪との線引きは難しくなる。新潟市中央区の高木馨さん（80）は2年ほど前、警察から妻（77）が市内のスーパーで万引したという連絡を受けた。妻は認知症の症状があったが、当時はバスに乗り、1人で買い物に行くことができていた。

慌てて駆け付けたところ、妻は買おうとしていた食材がスーパーのかごに入りきらず、無意識に自分のバッグに入れてしまったことが分かった。少額だったため、支払いをすることで自宅に戻ることができた。高木さんは「だからといって許されるとは思わないが、本人に犯罪の意識は全くない。割り切れない部分があった」と唇をかむ。

県警によると、13年の県内での万引認知件数は２３０１件。60代以上が約４割を占めている。盗品の内訳は食料品が約５割で、発生場所はスーパーが半数を超える。認知症だったかどうかは県警では調べていないものの、福祉関係者は「この数字の中には、認知症の人も含まれているのではないか」と指摘する。過去には、万引で取り調べを受けたことをきっかけに認知症であることが判明し、入院した人もいた。

佐竹店長は以前、病院や福祉施設が多い地

**サ|ポ|ー|ト|メ|モ**

高齢者に接することの多いスーパーや銀行をはじめ、県内の企業でも「認知症サポーター養成講座」を受講するなど、認知症の人を支えるための取り組みが進んでいる。県では、受講した企業が希望した場合、事業所に認知症サポーターがいることをPRするステッカー＝写真＝を配布。2014年３月１日時点で、795カ所にまで増えた。

ステッカーの大きさは縦27センチ、横19センチ。キャラクターはオレンジ色の「ロバ隊長」。県のホームページでこれらの企業の一覧を公表している。

域の店舗に勤め、認知症のお年寄りに接する機会が多かった。介護の現場にも足を運び、知識を身に付けることで、「何かあったら即、警察に連絡するという発想がなくなった」。

うろうろしているお年寄りがいたら、様子を見守る、困っているようなら優しく声を掛ける――。「認知症のお年寄りが安心して買い物ができれば、症状が重症化しないことにもつながる。今後もきちんと対応していきたい」と話した。

消費者トラブル

# 大切な周囲の気付き「寸劇」通じ訴える団体も

新潟市に住む会社員の女性（54）は3年ほど前、近所で1人暮らしを続ける認知症の義母（85）の家に、牛乳の宅配用ケースが置かれているのに気付いた。「おばあちゃんは牛乳が嫌いなはずなんだけど…」。すぐに業者に連絡し、解約することができた。ただ、「契約の時に、本当に必要なのか確認してほしかった。認知症と分かって契約させたのではないか」と首をかしげたくもなった。

女性は毎日様子を見に訪ねているが、見慣れない健康食品が置いてあったこともある。義母はインターホンが鳴ると玄関先に出て、訪問販売などの勧誘に気前よく応じてしまう。今は対策のため、インターホンの電源を切っている。

県消費生活センターによると近年、高齢者が当事者になった契約の相談件数が増えてい

お年寄りが消費者トラブルに巻き込まれるのを防ぐための寸劇。地域の人や家族の見守りの大切さも訴える＝新潟市西蒲区

る。2012年度の県全体の相談のうち、65歳以上の高齢者が当事者だったのは約4300件と3割近くを占め、09年度の約1・6倍となった。相談の際のやりとりから「判断不十分者」と分類されるケースも増加傾向で、認知症の人も含まれているとみられる。「注文した商品を代引きで届ける、という電話勧誘に応じてしまった」「健康にいい布団があると言われ、契約した」など、業者に言われるがままに契約してしまうケースが目立つ。

判断能力が低下している認知症の人は特にこうした状況に陥りやすいが、県弁護士会で高齢者らの権利擁護を担当する委員会の委員長を務める吉村一洋弁護士（40）＝新発田市

＝は「認知症ということだけでは契約は取り消せない」として、注意を呼び掛ける。取り消すには業者との交渉が必要で、中には訴訟に至る場合がある。

トラブルを未然に防ぐためには、成年後見制度が有効とされる。認知症など判断能力が不十分な人の権利を守る制度で、家庭裁判所が後見人を選任する。後見人は財産の管理をしたり、契約を取り消したりできる。とはいえ、認知症が軽度だと制度が使えないことがあり、後見人の担い手自体が不足している。吉村弁護士は「地域の人の声掛けなど、普段からの見守りが必要」と強調する。

県内には「寸劇」を通じて訴えている団体もある。新潟市西蒲区の特別養護老人ホーム「虹の里」では「R＝Ⅱ（あーるつー）」を結成。アルツハイマー病から取ったネーミングで、地元の地域包括支援センターと協力し、老人会や自治会の集会などで熱演を披露している。劇中に「『役

### サ|ポ|ー|ト|メ|モ

トラブルに巻き込まれたときの相談先は、県消費生活センターや市町村の相談窓口、弁護士、警察などがある。県消費者行政課は「認知症の人の家族や地域の人が気付いたら、早めに相談してほしい」とする。

また、成年後見制度は各市町村の地域包括支援センターが主な窓口となる。

**主な相談先**

◆**県消費生活センター**
025（285）4196
（訪問販売などで困ったとき）

◆**県弁護士会**
025（222）5533
（支払ったお金の返金を求めたいときなど）

◆**県警本部けいさつ相談室**
025（283）9110
（詐欺など被害に遭ったとき）

場の方から』来た」と言って訪問する場面なども織り交ぜ、身近な問題として受け止められるよう工夫している。

寸劇を見た人が、近所のお年寄りが投資詐欺に遭っているのではと相談を寄せたこともあった。虹の里の職員小林真澄さん（34）は「元気な時から、消費者トラブルの情報を知ってもらうことが早めの支援につながる。認知症の高齢者を守るには、周囲の人たちの連携が欠かせない」と力を込めた。

ワンポイント知識

# 接し方アドバイス　通じやすい言葉心掛け

身近に認知症の人がいたら、どう接したらよいのだろうか。よくある場面と対処方法などをまとめた＝図参照＝。

リハビリと認知症ケア専門のみどり病院（新潟市中央区）で働く認知症ケア上級専門士の橋本薫さん（52）は「行動には必ず理由がある。なぜその行動をするか考えて」とアドバイスする。

例えば「立たないで」と指示すると、認知症の人は「立つ」という言葉が印象に残り、立とうとする。「座っていてね」と言うと、通じやすい。

年明けなどは、認知症が疑われる人が医療機関を受診することが増える時期でもある。身内が顔を合わせて異変に気付き、「医者に行った方がいい」と話が進むことが多いという。

橋本さんは「認知症によっては進行を遅らせる薬もあり、早めの対策が大切」と強調。さらに「認知症でも、大切な家族に変わりないことを忘れないで」と呼び掛けている。

## ◆◆◆◆ こんな時 どうしたら？ ◆◆◆◆

食事の直後、おじいちゃんが「ご飯食べてないけど、まだ？」と催促します

**理由・背景** 食べたことを忘れ、ご飯はまだだと思ってしまう。

**対応のポイント** 覚えていないことを指摘すると、本人を傷つける。言い分を否定せず、受け止めよう。

○ 「ご飯の時間まで待っててね」と、軽いおやつを出す

× 「食べたばかりでしょう」と、食事をしたことを説明する

同居しているおばあちゃんに「私の通帳がない。盗んだな」と犯人扱いされました

**理由・背景** 大切な物を片付けた所を忘れ、見つからないので「盗まれた」と言う。身近な人を犯人にする。

**対応のポイント** 盗まれたと思い込んでいるので、事実を分からせようとしない。周囲は、犯人扱いされた人も気遣って。

○ 「通帳が無くなって困りましたね」と、一緒に探す

× 「私は盗んでいません」と説明し、理解してもらう

囲碁が大好きなおじいちゃん。最近、囲碁教室に行きたがらず、家にこもりがちです

**理由・背景** これまでできていたことができなくなり、自信を失っている。

**対応のポイント** できないことは無理にさせない。役割を与え、感謝したり、褒めたりすると自信を取り戻し、脳も活性化する。

○ 他に本人ができることを見つけ、できない部分は手助けをする

× 再び囲碁を始めるよう、働き掛ける

料理が得意なおばあちゃん。先日、火の不始末があり、心配なので調理器具を新しくしようと思います

**理由・背景** 火の不始末は、コンロに火をつけたことを忘れてしまうから。料理の手順が分からず、混乱も。

**対応のポイント** 最新の調理器具にすると使い方を覚えられず、料理をしなくなる。脳機能が低下し、悪循環。

○ 空だき・吹きこぼれ防止機能付きガスコンロに替える

× ガスや火を使わないIH調理器具をそろえる

# インタビュー

「ペコロスの母――」作者・岡野雄一さんに聞く

# 介護者こそ元気が大事

認知症の母親との日々をほのぼのと描き、共感を集めているエッセー漫画がある。「ペコロスの母に会いに行く」だ。2013年秋には映画にもなり、本県でも公開された。物事を次第に忘れていく母に自分だと思い出してもらうため、息子が差し出すのは毛の抜けた頭。作者の岡野雄一さん（63）＝長崎市＝は「はげでよかった」と照れくさそうに頭をかく。創作のいきさつや、現在はグループホームで生活する母・光江さん（90）の介護を通じて感じたことなどを長崎市の自宅で聞いた。

――500部の自費出版から始まった本が、大きな反響を呼んでいます。

「はげた息子が、施設にいる母に面会に行くだけの地味な話です。共感を得たのは、社会が認知症と、その介護の時代に直面しているからでしょう」

――介護にはつらいイメージが付きまといますが、作品はくすっと笑いを誘います。

「最初は身辺雑記を描いていました。母のことを描くと『うちもそう』などと反響が大きくて。母は父が00年に亡くなってから、認知症の症状が出ました。自分で冷蔵庫の電源を抜いたのを忘れ、中の物が溶けて漏れ出たのを見て、『冷蔵庫がおねしょした』と、慌てて勤務中の僕に電話してきたこと。悪質なシロアリ駆除業者にだまされたこと。ネタには事欠かなかったです」

「僕は、ぼけは老化の一つだと思っていたんです。足腰も弱る、はげる、脳も疲れて当然と。病気と思っていなかったから笑いにできたのかな」

——作品に出てくる「ボケるとも悪か事ばかりじゃなかかもしれん」という長崎弁のせりふが印象的です。

「認知症になってからの母は時々少女に戻っていました。亡くなった父や妹と〝再会する〟こともあったようです。母は農家の10人きょうだいの長女で、結婚後は夫を立て、支えたしっかり者。それが認知症になり、世間を気にせず振る舞えるようになった。『ずっと気を張っているより、よかろう』と、自嘲を込めて言ったのかもしれない。いい言葉だと思います」

——光江さんを06年にグループホームに預けた時の気持ちは。

「母が脳梗塞で倒れ、車いす生活になったのがきっかけです。ケアマネジャーから『日中誰もいない家にいると進行が早い。共同生活がリハビリになる』と勧められました。本当は自分が見るべきなのにと、後ろめたかったです」

「今、プロのケアを受けて穏やかに過ごす母を見ると、入所は正解だったと思います。訪ねるのは週2回。母の好きなユリを持参し、枯れないうちに行くことにしていますが、異変があればいつでも。施設からの電話は何事かと、びくびくしてしまいます」

——認知症の介護をする家族の負担が社会問題になっています。

「24時間必死に面倒を見て、自分のがんに気付かず亡くなったり、過労で倒れたりした知人がいます。共倒れにならないよう、介護をする人こそ元気でいることが大事。他人に頼ることをためらう人もいるかもしれませんが、福祉制度を使って適度な距離を置くのも選択の一つでは」

「作品については、愛ある批判もありますよ。在宅介護中の方から『甘い。こんなもんじゃない』と厳しいお手紙が何通も届きました。でも文面の最後には『読んで癒やされた』と。こういう意見が一番うれしいです。作品が、介護と懸命に向き合う人の処方箋になればいい」

――新年は光江さんとどう過ごしたいですか。

「できるだけ長く一緒にいたい。悩みましたが13年に、母に胃ろう（腹部に穴を空け、管から栄養を送る処置）を施しました。胃ろうをしてもアイスクリームなどを口から食べる努力をしている母を見ると、生きていてくれてよかったと実感します」

「今の母は、漫画に出てくるような元気はなく、ゆっくり弱っています。僕は最期まで見守り、きっちり描く覚悟を決めました。それが物書きとして、僕がやるべきことだと思います」

（インタビューは2014年1月1日に掲載したものです。母・光江さんは同年8月に亡くなりました）

おかの・ゆういち　1950年、長崎市生まれ。高校卒業後に上京し、出版社に勤務。40歳で離婚し、当時3歳の息子と帰郷。タウン誌の編集長などを経て、フリーライターとなる。「ペコロス」（小さなタマネギ）は自身の容貌にちなんだ愛称。2014年3月から新潟日報生活面で「続・ペコロスの母に会いに行く」を掲載。

# 若年性認知症 早期発見が鍵

南魚沼市立ゆきぐに大和病院 宮永 和夫院長に聞く

若年性認知症だと早期に気付くためには、どうしたらよいのだろうか。若年性認知症について詳しい、南魚沼市立ゆきぐに大和病院の宮永和夫院長に聞いた。宮永院長は「全国若年認知症の家族会・支援者連絡協議会」（東京）の会長も務めている。

—若年性認知症は診断が難しいのですか。

「『認知症は高齢者の病気』という発想が医師にもまだある。アルツハイマーのように物忘れが目立つと認知症を疑うかもしれないが、若年性にはさまざまな種類があり、意欲や集中力が低下するなど、うつ病に似た症状も多い。働き盛りだと、どうしても精神面の問題と診断されてしまう」

—若年性認知症か、うつ病など他の病気か、周囲はどのように判断すればいいのでしょう。

「最初から若年性認知症を疑う人は少ない。家族らが他の病気だと思い、認知症治療を専門としない病院に患者を連れて行ったとしても責めないでほしい。例えば半年や1年治療し、症状が改善されないならば他の病気を疑った方がいい。実際、医師よりも家族が『おかしい』と気付き、別な病院で細かい検査をして、認知症と判明するケースは多い」

―早期発見はなぜ重要なのですか。

「認知症の種類によっては、病気の進行を遅らせる治療薬がある。早く使うに越したことはない」

若年性認知症患者や家族の支援の在り方などについて語る宮永和夫院長＝新潟市中央区の自治会館

「認知症の人は、例えば部屋に複数のタンスがあると、どこに何をしまえばいいか分からず、パニックになるが、一つに減らせば落ち着いて対応できることがある。適応できる環境を早いうちから整えれば、症状が安定する可能性がある」

—働き盛りで認知症になると、家のローンなど経済的な負担が大きいです。

「多くの若年性認知症患者が直面する問題だ。情報が一番集まっているのは家族会。県内なら『認知症の人と家族の会』県支部や、ゆきぐに大和病院の『空の会（すかい）』などがある。ローン免除の手続き、生命保険の解約のタイミングなど現実的なアドバイスをしてくれるので、悩んでいる人はぜひ相談してほしい」

問い合わせ先は、認知症の人と家族の会県支部（金子代表宅）＝025（550）6640、空の会（事務局・ゆきぐに大和病院地域医療連携室）＝025（777）2111。

認知症介護研究・研修東京センター研究部長 永田 久美子さんに聞く

# 進めよう 交流の場づくり

本県は人口が密集した都市部から過疎化が進む中山間地まで多様な地域がある。それぞれの地域で暮らす認知症の人たちに、住民はどう関わっていけばいいのか。認知症支援を通じた湯沢町のまちづくりにアドバイザーとして参加している認知症介護研究・研修東京センター(東京都)の研究部長、永田久美子さん(53)=三条市出身=に聞いた。

社会の高齢化に伴って認知症が増加し、関心を持つ人は確実に増えています。新潟県内でも自治体を中心に市民向けの啓発講座が数多く行われています。ですが、受講して知識は身に付きますが、「想像以上に介護が大変。認知症にはなりたくない」と考えてしまう人は残念ながら多い。正しい理解にまでつながっていないのが現状です。というのも、参加者が聞くだけの受け身の講座になっているからです。なかなか支援しようというところまではいかない。身近な地域で暮らす認知症のお年寄りはたくさんいるのに、まだまだ人ごとなんです。

大事なことは、住民がお年寄りと一緒に過ごす場を設けることです。これは、たくさん講義を受けるよりも、よほど効果がある。そんな例を全国で数多く見てきました。場づくりは行政主体で進めてはいけません。検討委員会などを設け、住民に参加してもらっても、メニューを消極的にこなすだけになってしまう。住民それぞれが、このまちで認知症になった時にどう過ごしたいか。どんなまちにしたいか。一から考えてもらうことが必要です。

その際、大事なのは「今、まちにある資源をどう生かすか」ということです。福祉の場合、理想を考えるととかく「あれが足りない」「これも必要」となりがちです。ただでさえ現場のマンパワーが不足している中、これでは何も進みません。

ここで発想の転換が必要です。自分たちのまちにはどんな人が暮らし、どんな資源があるのか。資源とは医療・福祉の分野だけを指すのではありません。新潟のような四季折々の自然や食もとても大切です。認知症のお年寄りにとって、昔から見慣れた豊かな自然は心を落ち着かせてくれます。

湯沢町では現在、「アクションミーティング」と題し、住民主体で認知症支援のまちづくりを進めています。住民が動くことで、「面白そう」「取りあえず参加してみよう」と徐々に支援の輪が広がっています。このようにネットワークを少しずつ広げ、お年寄りをすくい上げる網の目を細かくしていくことが大事です。

認知症の人は「時代のカナリア」です。まだ元気な人は気付かない生きづらさやストレスを抱えています。それをうまくキャッチしてアイデアを出していけば、結果的に、認知症のお年寄りだけではなく、住民誰もが住みやすいまちにつながっていきます。

ながた・くみこ　1960年生まれ、三条市出身。千葉大大学院（看護学）修了。東京都老人総合研究所を経て、2000年から認知症介護研究・研修東京センターに勤務。2013年10月から現職。

# おわりに

毎年9月21日の「世界アルツハイマーデー」に合わせ、私たちがシリーズ最初の連載「知ろう認知症」を始めたのは、ちょうど1年前のことでした。

連載開始後、感想や体験がつづられた多くの手紙やファクス、メールが寄せられました。認知症の家族を抱え、出口の見えない日々を送っていること、周囲から理解してもらえないつらさ、将来への不安…。その中には「認知症の問題を取り上げてくれてありがとう」といった言葉も並んでいました。認知症をめぐる問題がとても大きなものだとあらためて気付かされ、同時に背筋が伸びる思いがしました。継続して伝えていこうと、２０１４年の重点企画として元日からスタートしたのが、「あんしんネット―認知症とともに」シリーズです。

超高齢化社会が到来し、公表されている統計類からも明らかなように、認知症は誰でもかかり得る身近な疾患となっています。「避けて通りたい」と思うのはごく自然なことですが、確実に避けられる保証はありません。では、新潟の地は、もし認知症になったとしても安心して暮らし続けることができるのでしょうか。

認知症という大きな相手に「打ち勝つ」でも、「負けない」でも、「闘う」でもなく、「ともに」。シリーズ名を決めたのは、こうした思いからでした。

取材を通して、私たちの側が認知症について正しく知る機会にもなりました。「認知症サポーター」の養成講座を受けた記者もいます。強く印象に残ったのは「認知症が進んでも、自分が周りからどう扱われているか敏感に感じ取っている。そのことをきちんと知ってください」との言葉だったそうです。取材後記には「いくら手厚いサポートをしても、本人不在の支援では意味をなさない」とありました。

本書にも収録していますが、認知症介護研究・研修東京センター研究部長の永田久美子さん（三条市出身）は認知症の人は「時代のカナリア」だと語っています。「まだ元気な人は気付かない生きづらさやストレスを抱えています。それをうまくキャッチしてアイデアを出していけば、結果的に、認知症のお年寄りだけではなく、住民誰もが住みやすいまちにつながっていきます」との指摘は、示唆に富むものです。

取材班は報道部・佐藤渉、本多茜、平井玲子、小柳香葉子で構成。このほか県内大学の認知症に関する研究を取り上げた「知のサポート」では、長岡支社・金子悟、上越支社・三木ゆかり（現報道部）が加わりました。書籍化にあたり、文中の年齢や肩書などは掲載時のままとしています。

これを書いている今、新潟の地では黄金色に色づいた稲穂が頭を垂れ、収穫の時を待っています。連載シリーズは今後も継続します。誰もが迎える人生の秋も、いつまでも自分らしく豊かに過ごせたら─。そんな社会のあり方を、本書を手に取ってくださった皆さまとともに考えていくことができたら、幸いです。

2014年9月

新潟日報社報道部デスク　石原亜矢子

認知症《にんちしょう》とともに　安心して暮らせる社会へ

2014年９月26日　初版発行

編著者　新潟日報報道部
発行者　関　本　道　章
発行所　新潟日報事業社
〒950-8546　新潟市中央区万代3-1-1
TEL 025-383-8020　FAX 025-383-8028
http://nnj-book.jp

印刷・製本　株式会社ウィザップ



ISBN978-4-86132-573-1